中国古典文化寻访

刘　炜 等/编著

社会科学文献出版社

SOCIAL SCIENCES ACADEMIC PRESS (CHINA)

图书在版编目（CIP）数据

中国古典文化寻访/刘炜等编著.—北京：社会
科学文献出版社，2010.7（2017.2 重印）
ISBN 978 – 7 – 5097 – 1656 – 4

Ⅰ.①中… Ⅱ.①刘… Ⅲ.①文化史 – 研究 – 河南省
– 古代 Ⅳ.①K296.1

中国版本图书馆 CIP 数据核字（2010）第 127536 号

中国古典文化寻访

编 著/刘 炜 等

出 版 人/谢寿光
项目统筹/年维佳
责任编辑/闵 佳

出 版/社会科学文献出版社
地址：北京市北三环中路甲 29 号院华龙大厦 邮编：100029
网址：www. ssap. com. cn
发 行/市场营销中心（010）59367081 59367018
印 装/三河市东方印刷有限公司

规 格/开 本：787mm × 1092mm 1/16
印 张：10.75 字 数：147 千字
版 次/2010 年 7 月第 1 版 2017 年 2 月第 2 次印刷
书 号/ISBN 978 – 7 – 5097 – 1656 – 4
定 价/45.00 元

本书如有印装质量问题，请与读者服务中心（010 – 59367028）联系

前　言

　　曾经有学生问我："老师，文化是什么？中国文化到底包括哪些内容？如何提升自身的文化素养？"对于"文化"，翻开商务印书馆第5版的《现代汉语词典》，我们所看到的第一条解释是：人类在社会历史发展过程中所创造的物质财富和精神财富的总和，特指精神财富，如文学、艺术、教育、科学等。当我和我的团队完成本书的时候，我想告诉学生们一个更具体可感的答案。

　　是啊，中国文化博大精深，也许我们穷尽一生也难以领略其精髓。但是，青年一代肩负传承本民族传统文化的重担，我们只有立足本民族的优秀传统文化，才能把中华文明传播到世界各地，使中国传统文化成为全人类共同享用的精神财富。其实，传统的民族文化从来没有远离过我们的生活，它们无时无刻不在浸润着我们的身心。

　　当我们游览名胜古迹的时候，

　　文化就在那故宫深院的雕梁画栋上，文化就在那苏州园林的小桥流水里；

　　当我们享受美味佳肴的时候，

　　文化就在那满汉全席的色香味形上，文化就在那异彩纷呈的南北菜系里；

　　当我们吟诗赏画的时候，

　　文化就在那唐诗宋词的美妙意境里，文化就在那中国山水的泼墨留白间；

　　当我们置身戏院剧场的时候，

　　文化就在那生旦净末的唱念做打上，文化就在那戏苑百家的词山曲海里；

　　当我们观看电影、参观展览的时候，

　　文化就在那精美绝伦的花样旗袍上，文化就在那历史舞台的霓裳羽衣里；

　　当我们欢度佳节的时候，

　　文化就在那合家团圆的鞭炮声声中，文化就在那中秋望月的东坡诗词里……

　　因此，对于我们每一个普通人来说，文化其实还是一种生存方式、一种生活态度。季羡林大师早在 20 世纪 80 年代就预言："21 世纪是中华文化的世纪。"这一观点曾经不被人理解甚至遭人批判，直到 20 世纪 90 年代中后期才被世人认同。作为 21 世纪的主人，我们应该牢记大师的这句至理名言：让文化如细雨飞花，濡染每一个平常的日子；让文化如精神之星，照亮每一段艰难的旅程；让文化如悠扬的牧歌，召唤每一颗追求的心灵。

　　当然，寻访中国文化，终究只能在悠长澎湃的中国文化长河边徜徉。我希望，终有那么一天，每个青年学子，都会以自己的方式，尽情汲取中国文化精髓，幸福地感悟，诗意地栖居。

　　如何给青年学生提供滋润心灵的课程，一直是我们思考的问题。胡锦涛总书记说过："物质贫乏不是社会主义，精神空虚也不是社会主义。"为了让祖国的传统文化精髓渗透到广大青年学生的思想、感情、灵魂和人格中，青岛市职教教研室组织编写了《中国古典文化寻访》一书。《中国古典文化寻访》作为一本为提升学生人文素养和综合素质而开发的任意选修课程的用书，适合各专业学生选用。本书由刘炜主编，参与编写人员有（按姓氏笔画排序）：王伟（青岛艺术学校）、边力（青岛外事服务职业学校）、卢齐（青岛经济职业学校）、刘炜（青岛职业技术教育教研室）、陈钊（青岛电子学校）、张翼（青岛电子学校）、姜封祥（青岛交通职业学校）。

在本书长达两年的调研编写过程中，编者们坚持以弘扬我国传统文化为出发点，立足我市职业学校学生的实际情况，从浩如烟海的中国传统文化中，选取了服饰、饮食、建筑、民俗、戏曲、书画、诗词七个板块作为切入点，注重民族性和时代性的有机联系，注重理论性和实践性的有机统一，注重知识性和趣味性的有机结合，力求深入浅出、图文并茂，凸显民族文化遗产的诗意悠远。本书每一章都由六个部分组成："柴扉小扣"——轻松幽默地导入案例，"回眸远望"——言简意赅地回顾历史，"流光溢彩"——通俗易懂地阐明特征，"经典荟萃"——提纲挈领地推介实例，"含英咀华"——温馨自然地提出建议，"牛刀小试"——知行统一地开展实践。本书按 14~21 课时设计，每一章可安排 2~3 课时；学校可根据实际情况，自行确定选修课时。本书涉及中国传统文化七个领域，既各自独立又相互呼应，各学校可根据所开设专业的实际情况，自行选择选修内容。

我们希望，通过对本书的学习，广大青年学生能够在学知识、练技能的同时，真切体味意境幽远、博大精深的中国传统文化，从

而不断提升自身的人文素养和审美情趣，自觉成为灿烂丰富的传统文化遗产的传承者。由于编写者的水平有限，本书存在诸多不当之处，请在使用过程中批评指正。

刘　炜

2010 年 7 月于青岛

目　　录

第一章
峨冠博带显威武，绮罗纤缕随风尚
——中国古代服装文化

一　柴扉小扣

女性喜欢穿裙，裙是中外妇女都喜欢的一种服装样式。"裙"者，"群"也，最初的字义为把许多小片的树叶和兽皮联结起来。这种服装，在我国可谓源远流长。相传4000年前，黄帝订出"上衣下裳"的制衣制度，不同身份、不同性别的人要着不同颜色的衣裳。那时的"裳"即为裙子，一为掩体，二为礼节。

到了汉代，裙子流传开来。那时的裙子都有皱褶，叫做"褶裥裙"，也就是现在的"百褶裙"。跟"百褶裙"来历有关的故事，也像它的名字一样美。

据《西京杂记》记载：1700多年前，西汉成帝时，赵飞燕被立为皇后。有一天，身穿一条云英紫裙的飞燕与皇帝同游太液池。正当她在鼓乐声中翩翩起舞的时候，忽然大风骤起，她像燕子一样被风吹了起来。成帝慌忙命侍从拉住她的裙子。飞燕得救了，但裙子却被拉出许多皱纹。汉成帝一看，有皱纹的裙子比原来没有皱纹时更美。于是，宫女们以后穿裙子时，都喜欢将其折叠出许多皱纹折痕，并把这种裙子称为"留仙裙"。这就是现代"百褶裙"的前身。可见，"百褶裙"不光有历史、有品位，还具有文化内涵，美丽的裙裾上承载了诸多历史和文化的因素。

从上古时代开始，中华民族的传统服装，就伴随着华夏人民的点滴生活，构成了华夏民族延续数千年的独特风景线，成为中国古文明的重要象

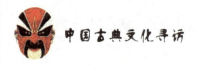

征。中国古代服装在创世传说中，赞颂着先祖炎黄的丰功伟绩；在历史长河中，记录着华夏民族的演化轨迹。礼仪之邦的教化使它深邃，文明古国的工艺使它华美，大汉的雄威使它庄严，盛唐的辉煌使它绚丽，异族的交融使它博大。在四千年中国古代服装的历史中，在华夏民族（汉后又称汉民族）的主要聚居区，我们的民族服装，通过自然演化形成了一种具有独特浓郁民族风貌的文化特征，它明显区别于其他民族的传统服装，傲立于世界服装文化之林。它丰富、悠远，它高洁、伟大，它是流动的诗，是有形的乐，是我们中华民族世世代代文明的结晶，是我们为之骄傲的祖国文化遗产。

二　回眸远望

服装是人类特有的劳动成果，它既是物质文明的结晶，又具有精神文明的内涵。人类从赤身裸体的史前时期，经过穿兽皮、披树叶的蒙昧阶段，发展到衣冠楚楚的文明时代，缓缓地行进了几百万年。在这一漫长的历史进程中，服装的产生可以说是一座伟大的里程碑。

衣冠于人，其作用不仅在遮身暖体，更具有美化的功能。追求美是人的天性，几乎从服装诞生的那天起，人们就已将生活习俗、审美情趣、色彩爱好，以及种种文化心态、宗教观念，沉淀于服装之中，构成了服装文化的精神文明内涵。一部人类服装演化史，从某种意义上说，也是一部感性化了的人类文化发展史。

中国古代服装是华夏文明的重要组成部分，代代相承的民族传统服装，将中华文明的精神理念谱入各民族百姓生活的点滴之间，不断演变发展，推陈出新，形成精美的服饰原料、高超的制作工艺和独特的审美特征，从而成为人类文明史上一颗璀璨的明珠。从质朴的秦汉风格到超然的魏晋神韵，都渗透着华夏民族的理想追求；从开放的大唐风情到含蓄的宋明特色，从精美绝伦的冕服到短小精悍的常服裤褶，无不流露出汉族文化的哲学信念。我们民族的传统服装，实际上已成为华夏民族的肤发，与各族儿女血脉相连。

（一）商周朴素

商朝是中国第一个有文字记载的朝代。根据众多的考古发现，这一时期的汉服基本样式已经完全成型。这一时期的服装主要由上衣和下裳（裙）两部分组成。袖口较窄，没有扣子，在腰部束一条宽边的腰带，肚围前再加一条像裙一样的"蔽膝"，用来遮蔽膝盖。

周代服装大致沿袭商代服制而略有变化，衣服的样式比商代略为宽松。衣袖有大小两种样式，领子通用交领右衽。不使用纽扣，一般腰间系带，有的还在腰上挂玉制饰物。裙或裤短的及膝，长的及地。

（二）先秦庄重

春秋战国时期诞生了一种重要的汉服——深衣。深衣是直筒式的长衫，衣、裳分开裁，但是上下缝合，连在一起包住身子，因"被体深邃"而得名。深衣在社会上影响很大，人们不论贵贱、性别、职别都可以穿着。其制式延续了汉服交领右衽的特点，分为曲裾和直裾两种样式。这一时期纺织和染色技术已经非常发达，深衣上出现很多繁复华丽的图案。

曲裾深衣

春秋战国是我国古代历史变革最剧烈的时期，意识形态的总思潮是理性的，着装上也偏于理性。先秦时人们已经对于"裸体羞耻"产生了共同意识，儒家还把服装的遮蔽性上升到了"仁德"的人格高度。当时服装"藏形"的道德功用十分被看重，所以深衣这种上下一体、庄重内敛的式样流行起来是很自然的。深衣作为礼服，是春秋战国时期最具代表性的服饰，不仅体现了以华夏文明为核心的伟大的物质文明，同时也凝聚了以古老中国的哲学为深刻内涵的精神文明，具有深刻的文化意蕴和丰富的历史内涵。

（三）两汉奢华

汉朝是中国最重要、最伟大的王朝之一。这一时期，随着社会的进步，民族文化的发展，服装达到了极高的艺术水平和审美水平，在经济、科技、文化上全面领先于世界的汉帝国，让华夏儿女引以为荣。

汉朝皇帝的冕服

随着经济和对外贸易的发展繁荣，汉代的服装逐渐由俭转奢，由丝绸出口交换进来的珠玉、犀象、琥珀、玳瑁等珍贵的装饰品，都刺激着衣着水平不断上升。而汉代的染织工艺在继承战国传统的基础上也有了飞速的发展，不仅染织的品种增多，而且能织出精美多样的花纹。染织工艺的进步是汉代服装质量得以提高的重要基础。

首先，京师贵戚的穿着打扮逐渐超过了王制。昂贵的服装面料，如锦、绣、绮、纨等，原来为后妃们专用，此时，富商大贾（gǔ）也都穿以为常。他们在宴会宾客的时候，还会用丝织品装饰墙壁。贵族之家的僮婢亦着绣衣穿丝履。湖南马王堆汉墓中出土的大量汉代丝绣织品，生动地呈现出那个时期的服饰风格，并反映出汉代纺织业的发展水平。随着丝绸之路的开通，中华服饰之美开始传向世界。

（四）魏晋潇洒

魏晋时期，风流名士们注重人的内在精神，崇尚自然，超然物外，率真随性而风流自赏。姿容飘逸的魏晋风度也反映到了服装上。在老庄思想基础上形成的玄学，对魏晋服装影响很大。魏晋时期的男子一般都穿大袖翩翩的衫子，上至王公名士，下及黎庶百姓，都以宽衫大袖、褒衣博带为尚。直到南朝时期，这种衫子仍为各阶层男子所偏爱。衫和袍在样式上有明显的区别，照汉代习俗，凡称为袍的，袖端应当收敛，并装有祛口；而衫子却不需施祛，袖口宽敞。魏晋服装日趋宽博，衫子由于不受衣祛等的约束，受到时

洒脱舒适的魏晋服装

人的青睐。魏晋时期妇女的衫裙则承袭秦汉的遗俗，并吸收北方少数民族服装特色，在传统基础上有所改进。当时的妇女一般上身穿衫、袄、襦，下身穿裙子，腰部用帛带系扎，款式多为上俭下丰，以宽博为主。衣身部分紧身合体，袖口肥大；裙为多褶裥裙，裙长曳地，下摆宽松，从而达到俊俏潇洒的效果。

（五）唐袂飘飘

唐朝是中国封建社会的鼎盛时期。唐朝时国家稳定，经济繁荣，文化事业全面发展，封建文化已经达到高峰。近300年的唐代服装经过长期的承袭、演变、发展，成为中国服装发展史上一个极为重要的时期。唐代服装兼容并蓄、广采博收，上承历代冠服制度，下启后世衣冠之径，无论官服或民服、男装或女装，都表现了其开放的思想、开拓的精神，充分反映出鲜明的时代性和强烈的民族性。

唐代妇女以体态丰腴为美。由于身材丰满，中唐女服也渐趋宽大，裙子的宽度比隋末唐初时要肥大得多。到了中晚唐时期，这种特点更加明显。一般妇女的服装，袖宽往往在四尺以上。大袖衫裙样式为大袖、对襟，配以长裙、披帛。中晚唐之时的贵族妇女在重要场合，如朝参、礼见及出嫁等时，要穿着礼服。穿着这种礼服，一般还要在发上簪金翠花钿，所以又称"钿钗礼衣"。以纱罗作为女服的衣料，是唐代服饰中的一个特

富丽飘逸的唐代服装

点，这和当时的思想开放有密切关系。尤其是不着内衣，仅以轻纱蔽体的装束，更是创举，所谓"绮罗纤缕见肌肤"，就是对这种服装的概括。

（六）宋衣简洁

宋朝是一个理学盛行的时代，程朱理学讲究简朴内敛，这种文化领域的因素折射到服饰上，使得宋代服装也比较简洁。官员的常服称为公服，式样是圆领大袖，腰间束以革带，头上戴幞头，脚上穿革履或丝麻织造的鞋子。一般百姓多穿交领或圆领的长袍，做事的时候把衣服往上塞在腰带里，衣服是黑白两种颜色。宋代的女子上身穿窄袖短衣，下身穿长裙，通常在上衣外面再穿一件对襟的长袖小褙子（很像现在的背心），褙子的领口和前襟都绣着漂亮的花边。

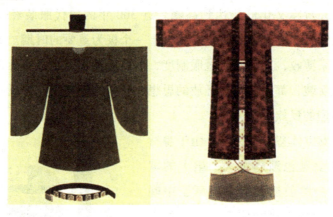

质朴保守的宋朝服装

（七）明裳崇古

元朝末年，中国经济与社会陷入崩溃和混乱。为重塑礼仪与民族自尊心，明朝建立以后，十分重视整顿和恢复服饰制度，很快丢弃了元代少数民族的服装，采周汉、取唐宋，全面恢复了汉族服装的面貌。明代服装样式端庄，气度宏美，是华夏近古服装艺术的典范，当今中国戏曲服装的款式纹彩多采自明代服装。明代的章服衣冠更趋豪奢，织绣技艺迈向顶峰，文化内涵更加丰富。

"盘领"是一种加有圆形沿口的高领。带有盘领的袍服是明代男子的主要服式，不仅官宦可用，士庶也可着，只是在颜色上有所区别。平民百姓所穿的盘领衣必须避开玄色、紫色、绿色、柳黄、姜黄及明黄等颜色，对其他如蓝色、赭色等则无限制，俗称"杂色盘领衣"。明朝建立25年后，朝廷对官吏常服作了新的规定：文武官员都必须在袍服的胸前和后背缀一方补子，文官用飞禽，武官用走兽，以示区别。这是明代官服中最有特色的装饰。

明朝官服

（八）清袍华美

清统一中国，也统一了全国服装——男人穿长袍马褂，女人穿旗袍。马蹄袖是当时游牧民族的衣着的最显著特征。穿瘦削的马蹄袖箭衣、紧袜、深筒靴是清朝服装的典型标志。

清朝的官服为袍，袍是清朝所有服装中最具有代表性的服装，也是帝王官宦表明自己身份的不可缺少的服装。袍的基本款式延续了盛唐袍衫的特点，不同之处是在下摆处开衩，皇室贵族一般开四衩，平民则开两衩。另外在袍的袖口部位有外翘的"箭袖"，形似马蹄，又称"马蹄袖"。清代又把有开衩和外翘"箭袖"的大袍叫做"箭服"。龙袍款式为圆领，大襟右衽，箭袖，颜色以明黄为主，也可用金黄或杏黄色等。袍上绣有五爪金龙和五彩祥云，在祥云之间还分布着"十二章"图纹。清代的妇女服装分为满汉二式，初期还保留各自的原有形制，后在相互影响之下，都有明显的变化。汉族妇女的服饰在清初时还是沿用明末旧习，后经过不断演变，终于形成了自己的特色。凡后妃命妇，用凤冠、霞帔。普通妇女除婚嫁及入殓时可"借穿"一下这种服饰外，其他场合以披风、袄裙作为礼服。而满族妇女的主要

装束为袍衫（旗袍）。

　　清朝是中国古代服装发展过程中的顶峰阶段。从整个中国古代服装发展历史来看，清朝时期的服装，包括款式、制作工艺、原辅材料和穿着形式，在历代服装中最为完善。

清朝皇帝、皇后的朝服

中国服饰沿革简明图

三　流光溢彩

中国古代服装是世界上历史最悠久的民族服装之一。《史记》载，华夏衣裳为黄帝所制。"黄帝之前，未有衣裳屋宇。及黄帝造屋宇，制衣服，营殡葬，万民故免存亡之难。"《尚书正义》注："华夏：冕服华章曰华，大国曰夏。"《左传·定公十年》云："中国有礼仪之大，故称夏；有章服之美，谓之华。"中国五千年的历史见证了中国古代服装的发展。中国古代服装文化主要体现如下特点：

（一）实用与审美的统一

服装是人类早期的防寒护肤品。随着社会的发展，人类有了原始的男女性别意识，服装便有了掩体的功能。古代人用身边能找到的各种材料做成粗陋的"衣服"，用以护身。人类最初的衣服是用兽皮制成的，包裹身体的最早"织物"是用麻类纤维和草制成的。我国在五六千年前的仰韶文化时期的遗址中，出土了许多与服饰相关的纺轮、骨针、骨笄（jī）、纺坠等实物，还发现了不少纺织物残留痕迹。这充分说明人类在进入旧石器时代的农耕生活后，服装成为美的标志之一。为增强衣服的美感，古人在用兽皮做的防寒衣上加了刺绣，进行装饰。他们还开始在身体上涂色以装扮自己。后来更是学会了借助外物，如耳环、首饰、腰饰、脚环等来进行装饰。这种想方设法装饰身体的心理欲求，与生存的本能同样强烈，于是产生了后来的服饰文明。应该说，服装从它诞生的那天起就是实用性和审美性的高度统一。

（二）身份与礼仪的统一

随着文明的进步，服装除了基本的实用和审美功能外，还衍生出符号意义，成为传播个人和社会信息的载体。后来"黄帝尧舜垂衣裳而天下治"（《易经·系辞下》），奴隶主自称天子，建立了严格的等级制度，并以"礼"的形式固定下来，将服饰作为"礼"的内容，确立了冠服及服章制度，后世代代传承，形成了中国服装独特的媒介特征和传播属性。中国古代服装文明的产生是社会、历史、政治、文化等各方面综合作用的结果。统治阶级成为

服装媒介的核心编码者，加上封建礼教的强力冲击，衣服的材质、样式、色彩、纹饰较多地承载了政治、伦理因素，形成独具特色的媒介符号系统。

在古代，人们经常用一种服装的名称来指称一种相应的性别、社会和文化身份，比如以"裙钗"代指妇女，以"乌纱帽"代称官位，以"黄衣"代指道士，以"左衽"代指不服朝廷统治的远方异族，以"纨绔"代指养尊处优、游手好闲之徒。封建等级制度确立以后，受这种等级制度即"礼"的影响，古代服装文化作为社会物质和精神的外化，成为"礼"的重要内容。为巩固自身地位，统治阶级把服装的装饰功能提高到突出的地位，服装除能蔽体之外，还被当做分贵贱、别等级的工具。单说将这种"礼"的功能体现在服装的色彩上，就有很大的讲究。如孔子曾宣称"恶紫之夺朱也"（《论语·阳货》）。因为朱是正色，紫是间色，他人为地给正色和间色定名位、别尊卑，以巩固等级制度。历史上的"白衣""皂隶""绯紫""黄袍""红顶子"等等，都是在一定时期内，某种颜色附丽于某种服饰从而代表某种地位和身份的例子。在每个朝代几乎都有过对服饰颜色的相关规定，例如《中国历代服饰》中记载，秦汉巾帻色"庶民为黑，车夫为红，丧服为白，轿夫为黄，厨人为绿，官奴、农人为青"。唐以官服颜色区分官阶之品。唐朝在贞观四年和上元元年曾两次下诏颁布服饰颜色和佩带的规定。在清朝，官服除以蟒数区分官位以外，对于黄色亦有禁例。如皇太子用杏黄色，皇子用金黄色，而下属各王等官职不经赏赐是绝不能服黄的。

可以说，服装作为一种媒介，以最直观的符码形态传达着一个人关于时代、民族、性别、社会地位、阶级差别等的"信息"。

（三）制式与时代的统一

服装作为一种文化形态，贯穿着中国古代各个历史时期。从服装的演变中可以看出历史的变迁、经济的发展和文化审美意识的嬗变。无论是商的"威严庄重"、周的"秩序井然"、战国的"清新"、汉代的"凝重"，还是六朝的"清瘦"、唐的"飘逸"、宋的"理性"、元的"粗犷豪放"、明的"敦厚简朴"、清的"华美纤巧"，无不体现出中国古人的审美设计倾向和思想内涵。而某一时期的审美设计倾向、审美意识并非凭空产生的，它必然根植于特定的时代。只有将这种特定的审美意识放在特定的社会历史背景下加以考察，才能见其原貌。

作为民族的"皮肤"，我们的古代服装上深刻地烙印着中华文明的内涵，代表着各个历史时期的民族性格。它们或华丽、优雅、博大，或简洁、明快、帅气。不同的时期、不同的地域有不同的文化、不同的审美标准，它们有时以一种风格为主，有时又各种风格兼容，随时代变迁发展出了丰富多彩的样式。和中国古代其他文化一样，汉服的基本形制为东方世界各民族提供了标准，今天中国一些少数民族的服装及东亚很多民族的民族服装，都受到了汉服的影响，而韩国的韩服和日本的和服更是直接由汉服发展变化而来。所以，我们的传统服装不仅是汉族的、中国的，更是亚洲的、世界的。

四　经典荟萃

（一）冠冕堂皇显威武——冕服

"冠冕堂皇"这个成语是指外表很庄重、很有气派的样子，其中的冠冕指的是古代帝王、官员的帽子和衣服，是帝王、官员在最重大场合的穿戴。冕服是古代天子、诸侯、大夫穿的礼服，也称玄冕、衮冕，是中国历代帝王、诸侯最隆重的服装。穿冕服时要佩戴冕冠，组成一套完整的服饰。这种服制始于周代，历经汉、唐、宋、元诸代，一直延续到清，绵延了两千多年。

冕服为玄衣纁（xūn）裳，即青黑色的上衣和赤黄色的裙子，象征天地的颜色。领口为汉服标准的交领右衽式样，外观如英文字母"y"，领子要系向身体右边，方向不可以相反（左衽为异族或死者所服的样式）。另有宽大的袂（袖子）、大带（丝织物制成的腰带）、革带（皮革制成的腰带）、蔽膝（从腰带上垂下的衣物，因为用于遮蔽膝盖而得名）几部分组成。

历史上除中国外，冕服在东亚地区的日本、朝鲜、越南等国亦曾作为国君、储君等人的最高等级的礼服。

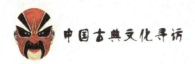

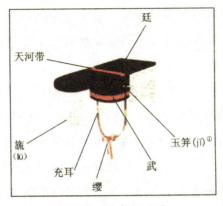

汉代冕冠分解说明图

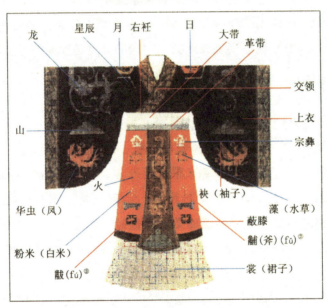

汉代冕服分解说明图
（红色：冕服分解说明，蓝色：十二纹章说明）

---

①　［笄］古代束发用的簪子。

②　［黼］古代礼服上绣的半白半黑的花纹。

③　［黻］古代礼服上绣的半青半黑的花纹。

（二）衣裳儒雅重礼仪——袍服

袍服是古代上衣、下裳相连缀的一种服装，为古代诸侯、大夫、士人家居所常穿，是庶人的常礼服，又称儒服、深衣，是文化人的服装。其特点是宽衣交领，袖松且长，隐扣系带，衣裳相连。

袍服产生于服装文化萌芽的周代，盛行于服装文化成熟的战国，沿袭至服装文化繁荣的魏晋南北朝。其制造方法之先进，织品之精湛，工艺之复杂，品种之繁多，都属世界罕见，成为中国服装文化中的奇葩。袍服充分体现了汉民族柔静安逸、娴雅超脱和泰然自若的民族性格，以及平淡自然、含蓄委婉和典雅清新的审美情趣。

深衣的产生来源于"礼"。唐代孔颖达著《五经正义》中记："此深衣衣裳相连，被体深邃，故谓之深衣。"上自天子，下至庶人都可穿着深衣，其地位仅次于朝服。深衣一般是用白布制作的，它的最大特点是上衣与下裳连在一起，用绦系结，然后在腰间束带，下摆不开衩。其实深衣可以不必分开剪裁，但儒家学者为了继承前代"上衣下裳"的传统观念，仍要求把上衣与下裳分开来剪裁，然后再缝成长衣，以表示尊重祖宗的法度。

中国号称"衣冠王国"。《礼记·劝学》中记："君子不可以不学见人，不可以无饰。不饰无貌，无貌不敬，不敬无礼，无礼不立。"古时人穿的裤皆无裆，仅有两条裤腿，长及膝部，用带子系于腰间。这种无裆的裤子，如果不用外衣掩住，露在外面，会显得很不雅观。因此，古人在前腰上加挂一条像裙一样的用来遮掩膝盖的布，叫做"蔽膝"，其主要作用其实是遮挡阴处。

这种上下相连的形制，对后来的服装产生了极大的影响。汉时的礼服、唐代的袍、元代的袄子、明代的曳散，以至清代女子所穿的旗装等，都采用这种上下衣裳相连的形式。时至今日，无论是日本的和服、韩国的韩服，还是当代多姿多彩的连衣裙，无一不是在深衣的基础上演变而来的。可以说深衣的出现对华夏服装史产生了极其深刻的影响。其丰富多彩的式样、精致纷呈的工艺、鲜明的色彩、巧夺天工的刺绣、细密精美的编织、吉祥如意的纹样、灵巧生动的饰物等都表现出了古老的中华民族服饰文化的成熟和精彩。

（三）长袍马褂今有别——旗袍、唐装

1. 旗袍

香港著名影星张曼玉在电影《花样年华》中前后一共换了23件旗袍。一位冷香端凝的女子，被花团锦簇的旗袍密密实实地包裹着，23件令人眩目的旗袍使她时而忧郁，时而雍容，时而悲伤，时而大气，每一件旗袍都传

电影《花样年华》剧照

达着女主角的心情。张曼玉不停地换旗袍，换不掉的是女人身上柔美成熟的气息。有人说："哪怕只露出一点衣领，张曼玉的旗袍风情一样令人沉醉。"旗袍成就了张曼玉，精美绝伦的各式旗袍造型，把东方女性的温婉玲珑的风

韵体现得淋漓尽致。

旗袍作为我国女装的代表、东方传统女装的象征，由原始的宽腰身直筒式逐渐过渡为现代汉族妇女喜爱的线条流畅、贴身合体的流线型，经历了漫长的演变。

清兵入关后定都北京，旗袍开始在中原流行。最早，旗人穿的旗袍长度一般不过脚，满族妇女只有出嫁时才穿过脚旗袍，作为出嫁礼服。因为满族贵族妇女都穿高跟木屐，所以，旗袍过脚为的是将脚盖住。后来，随着满汉生活的融合、统一，旗袍不仅被汉族妇女所穿着，而且不断经历着革新。辛亥革命后，旗袍迅速在全国普及。从 20 世纪 20 年代末到 30 年代初，旗袍吸收了西方女装盛行的短袍的特点，亦随之变短，身长仅过膝，袖口缩口，滚边变窄。20 世纪 30 年代中期，旗袍又渐渐变长甚至曳地，两边的衩开得很高。因为开衩的原因，里面又流行衬马甲，腰身变得极窄，以至贴体，更显出女性的曲线。20 世纪 40 年代，旗袍再度缩短，袖子更短甚至消失，几乎又回到了 200 年前的长马甲样式，所不同的只是更加轻便适体，变成了流线型。近年来，旗袍款式又有新的改革，出现了后装袖，有肩缝旗袍，暗褶式开衩旗袍，短连袖旗袍，无袖旗袍等等具有当代开放气息的新款式。

中国妇女为什么喜爱穿旗袍？主要原因是旗袍非常适合中国妇女的体态，线条简便，优美大方，可起到彩云托月的作用。所以有人认为旗袍是中国女人独有的"福音"。而且，旗袍老少皆能穿，四季相宜，雅俗共赏。根据季节的变化和穿着者的不同需要、爱好，可长可短，也可因选料的不同，展现出不同风格。因此，当中国旗袍在日本、法国等地展销时，很受当地女士欢迎，很多人不惜重金争购。总之，具有浓郁民族风格的旗袍，正不断散发着中华民族传统服装的美妙芳香。

2. 唐装

一提起"唐装"，许多人都会认为是"唐朝的服装"。其实这是一种误解。担任上海 APEC 会议各国领导人所穿唐装的主要设计者的余莺女士说，唐装应当是传统中式服装的通称。唐代强盛，声誉远播海外，海外各国称中

国人为"唐人"。美国、东南亚乃至欧洲的华人居住区，被称为"唐人街"，而华侨亦自称"唐人"，他们所穿的具有中国传统风格的服装，也就被称为"唐装"。后来，逐渐地，人们把所有具有中国特色的传统服装统称为"唐装"。

其实，唐装是由清代的马褂演变而来的。作为中国的传统服装，唐装具有独特的魅力。其自然垂展，不加任何雕饰，整件衣裳全凭穿着者的风骨和气度支撑着，而且穿着非常舒适。印花面料、小立领、中间扣的样式是唐装的典型模式。

现在的唐装是传统与现代的结合品。唐装的风云再起既有弘扬民族文化的精神层面的原因，又有经济实用的生活因素的影响。它既采用了传统服装富有文化韵味的款式和面料，同时又吸取了西式服装简洁、挺括的优势。穿着唐装上衣，还可以配以西裤、皮鞋，外面罩风衣、里面衬高领衫等。因为唐装的源起时间离我们很近，因此比较容易重新融入我们的生活。

古老的唐装已登上了时尚舞台，成了街头一道新的风景线。

五 含英咀华

纵观中国古代服装的发展史，无论是深邃严谨的秦衣、威武奢华的汉服、衣袂飘飘的唐裙，还是简洁实用的宋衣、富丽堂皇的清袍，中国服装史就是一部穿在身上的历史。

但是，发展到今天，在我国56个民族之中，占人口绝大多数的汉民族，却似乎没有自己的民族服装。是否真的如此呢？当然不是。其实中国自古就被称为"衣冠王国"、"礼仪之邦"。自黄帝"垂衣裳而天下治"，汉服已具基本形式，历经各朝代的规范制式，到了汉朝已全面完善并普及，汉人汉服由此得名。随后各朝代的汉服虽有局部变动，但均以汉代汉服的样式为基本特征，没有做大的变动。一直到清初，这一服装制度才陷于崩溃。

汉服虽然已退出历史舞台，但数千年来它所传承的内涵丰厚的人文精神早已渗透到我们民族文化的血脉中。它是中国古代政治、经济、文化的象征，是古人哲学思想的自然流露，是时代文化共性和审美个性的有机统一。应该说，汉服没有灭绝，汉服一直以强大的生命力存在于历史长河之中。她活跃在五光十色的舞台上，她闪烁在文学作品、绘画、雕刻艺术中，她被移植到了异族外邦的土壤里，她鲜活在我们生活的点点滴滴中。

我们应该从古代服装的演变中找到历史变迁的影子、经济发展的盛况、文化审美意识的演变。从古代服装的传承中，我们能找到中国古代哲学思想的灵光，找到古代伦理道德的标准，找到博大精深的文化内涵，找到民族大融合的契合点。下面，就让我们带着虔诚和自豪的情怀来到古代服装文化的"百花园"中，寻一寻那永恒的古典、不灭的优雅吧！

（一）从舞台、影视作品中寻找古代服装渐远的风情

我们大多数人对古代服装的认识来自于古装戏。"古装"再现了历史上汉服的样子，作为实物，它是目前唯一还"活着"的古代服装艺术。

在舞台上，在影视中，众多演员穿着不同时代的服装，演绎着不同历史时期的悲欢离合、爱恨情仇，既展现了古代服装的外在美，又可以让人领悟出各个历史时期不同文化的内在含义。我们可以从《白蛇传》《牡丹亭》等戏曲中领略中国古代服装的千姿百态；从《夜宴》《神话》《满城尽带黄金甲》等影视作品中，感受那已经渐远的历史风情；从《宝莲灯》《仙剑奇侠传》《轩辕剑》等动漫游戏中，看出古代服装飘逸的神韵。所以，古代服装的身影从来没有远离我们的生活，只是需要我们认真地去留意。

（二）从文学、绘画、雕刻及出土文物中寻找古代服饰美丽的踪影

普通人对古代服饰的印象除了来自舞台和荧屏银幕以外，就是来自文学作品了。我们通过《孔雀东南飞》中刘兰芝的穿戴知道了古代美女的仪容风姿，通过《红楼梦》中的红男绿女、丫鬟仆妇的着装明白了古代服装的礼仪

特征，通过金庸武侠小说中剑客侠女的衣帽配饰领略了古代服装的浪漫风采。而我们目前所获得的关于古代服装的第一手资料，大多是通过古代遗留下的文物整理出来的。确切、翔实而又完备的信息是专家们通过对古代绘画、雕刻作品及出土文物等作了科学而又系统的考察后获得的。如目前最权威的研究古代服饰的著作《中国古代服饰研究》，就是沈从文先生研究先秦、汉墓出土的文物和唐宋壁画、帛画以及大量的民间工艺品后创作完成的。由此，我们从马王堆出土的汉代老妇人那"薄如蝉翼"的深衣中，了解了中国古代服装高超的工艺；从唐代《丽人行》等绘画作品中，品味了唐代女装的线条和色彩；从古人留下的许多瓷瓶瓦罐的绘图上，了解了社会各色人等的着装品味。

让我们走近名著、欣赏名画，从中寻找流失的古代服装的魅力吧。

（三）从俗语、成语和典故中寻找古代服饰文化的芬芳

对绝大多数中国人来说，对古代服装的知识除了可以靠看书、看戏得来以外，还可以从大量成语典故中获得。如成语"衣冠禽兽"常用来指道德败坏的人，说他们徒有人的外表，行为却如同禽兽。其实，这个成语的原意并非如此。"衣冠"作为权力的象征，历来受到统治阶级的重视。从明朝就已经开始在官服上绣以飞禽走兽，来显示文武官员的等级。据明、清两史的《舆服志》记载，当时文官绣禽、武官绣兽，而且等级森严，不得逾越。"衣冠"上的"禽兽"与文武官员的品级一一对应。明朝中晚期，官场腐败，文官爱钱，武将怕死，欺压百姓，无恶不作。于是，"衣冠禽兽"就演变成含有为非作歹、如同牲畜之意的贬义词。

还有大家比较熟悉的"黄袍加身"、"胡服骑射"、"羽扇纶巾"等也都是由历史故事演化而来的成语，由此足见中国服饰文化历史的悠久和深入普及的程度。通过对这些成语知识的学习，我们不但能丰富语言，了解历史，还能增长见识，提高审美情趣。

另外在汉语言中，许多原来表示服装的词语已具有了固定的文化内涵。如"缙绅"是旧时高级官吏的装束，亦用为官宦的代称。"珠履"本指缀有

明珠的鞋子，后成了豪门宾客的代称。"纨绔"是古代贵家子弟所穿的细绢裤，被引申用来代称富贵人家的子弟。"青衿"指读书人，"布衣"即平民，"巾帼"指妇女。"麻衣"作为赶试举子的代称，"绅衿"作为地方绅士和在学人的合称，"褐"（褐夫）作为贫苦人的代称，军人之间则以"同袍"相称，并以"袍泽之谊"作为相互之间的友谊之称，等等。这种兼有历史和文物双重价值的来源于服饰的词语浩如烟海，不胜枚举。

（四）从异国外族的服装中寻找汉民族服装的文化元素

博大精深、体系完备、潇洒绚丽的汉服，是中国文化中不可多得的一大财富，对周边地区产生了深远的影响。直到现代，我们从道教、佛教等信徒所着的服装以及一些边远山区的山民服装、许多少数民族的民族服装中都能看到汉服的特征。在现代社会的一些重要祭祀、纪念活动和民俗节日中仍能看到汉服的身影。亚洲各国的部分民族，如日本、朝鲜、越南、蒙古、不丹等国的民族服饰也具有或借鉴了汉服的一些特征。

日本的和服主要是模仿汉服中的深衣，至今日本仍将和服称为"吴服"，意思就是指从中国吴地传来的衣服。但经过漫长的历史时期，日本和服已经发展出了自己的民族特色，比如：女式和服背后的大腰带比汉服的更宽大，和服的线条都是直线，袖子也是方方直直的，而汉服不仅袖子是圆形的，服装的整体造型，尤其是衣服的下摆，还有袂、裳，都是上窄下宽。总之，确切地说，和服起源于汉服，但后期发展得已经明显异于汉服了。韩服与日本和服有所不同，它所模仿的是汉服中的襦裙，但也有变化，即朝鲜服装的裙子束得特别高，而且下摆十分宽大、蓬松。

国家与国家之间、民族与民族之间的服装的交流与融合就是文化的交流与融合。中华民族的传统服装在世界各国尤其是在东南亚地区，具有举足轻重的影响，是值得每一个中国人骄傲的。

六　牛刀小试

古今中外，着装从来都体现着一种社会文化，体现着一个人的文化修养

和审美情趣，是一个人的身份、气质、内在素质的无言的介绍信。穿着得体适度的人，会给人留下良好的印象，而穿着不当则会降低人的身份，损害自身的形象。得体的服装是一种礼貌，一定程度上直接影响着人际关系的和谐。影响着装效果的因素是多方面的，主要有如下三个方面：一是要有高雅的文化修养和高水平的审美能力，即所谓"腹有诗书气自华"。二是要有健美的身体条件，健美的形体是着装美的天然条件。三是要掌握着装的常识、着装原则和服饰礼仪的知识，这是达到内外和谐统一的美的不可或缺的条件。下面就让我们一起来尝试一下吧。

（一）查一查，说一说

1. 唐装、旗袍、马褂都属于汉服吗？

2. 除了"冠冕堂皇""衣冠禽兽""布衣""巾帼"等，你还能说出其他与服装有关的成语或俗语吗？

3. 谈谈"和服"与"韩服"分别吸收了中国传统服装中的哪些元素？

（二）试一试，做一做

1. 同学过 18 岁生日，邀请三五好友到其家里相聚祝贺。请你根据情境设计你受邀赴宴时要穿的服装。

不同的专业完成不同的作业：服装和美术专业的同学要绘制设计图或裁制成衣；计算机专业的同学用服装设计辅助软件 CAD 绘制平面设计图；服务专业的同学根据场景搭配服装。

2. 女同学现场包扣、钉扣比赛，男同学现场系领带比赛。

（三）秀一秀，比一比

进行"我形我秀"T 台表演。同学们分组选择并准备好自己认为最有时代特色的服装，可以是唐代的开放式的长裙、清代的八旗服装、民国时期的学生装，也可以是流行的西装、晚礼服、时装等等。大家一起走上舞台，演绎一段服装变迁的历史，秀出各个时代的政治经济文化背景、人文心态和服饰特征。

【参考文献】

[1] 周讯、高春明：《中国服饰五千年》，学林出版社，1984。

[2] 周锡保：《中国古代服饰史》，中国戏剧出版社，1984。

[3] 徐海荣：《中国服饰大典》，华夏出版社，2000。

[4] 赵联赏：《服饰史话》，中国大百科全书出版社，1998。

[5] 华梅：《服饰与中国文化》，人民出版社，2001。

[6] 沈从文：《中国古代服饰研究》，上海书店出版社，2005。

[7] 诸葛铠等：《文明的轮回——中国服饰文化的历程》，中国纺织出版社，2007。

第二章

金樽清酒斗十千，玉盘珍羞直万钱

——中国传统饮食文化

一　柴扉小扣

你喜欢吃茄子吗？先不要急着点头或摇头，看完下面一段文字再回答吧。《红楼梦》第四十一回"贾宝玉品茶栊翠庵，刘姥姥醉卧怡红院"中写道，贾母在大观园宴请刘姥姥，刘姥姥捧着像个小盆子似的大套杯喝酒。薛姨妈命凤姐为刘姥姥布个菜，贾母说："你把茄鲞（xiǎng）① 搛（jiān）② 些喂她。"凤姐儿就夹了些茄鲞送入刘姥姥口中，笑道："你们天天吃茄子，也尝尝我们的茄子，弄的可口不可口。"然后，凤姐介绍了茄鲞的做法："才摘下来的茄子，把皮刨了，只要净肉，切成碎丁，用鸡油炸了，再用鸡脯子肉并香菌、新笋、蘑菇、五香腐干、各色干果子，俱切成丁，用鸡汤煨干，将香油一收，外加糟油一拌，盛在瓷罐子里封严，要吃时拿出来，用炒的鸡爪子③一拌就是。"做法如此别致，其口味自然特别。所以刘姥姥吃后说道："别哄我了，茄子跑出这个味儿来了，我们也不用种粮食，只种茄子了。"

看到这儿，你是不是垂涎欲滴了？或许你被那繁琐的做法难住了，或许你被那新奇的创意迷住了。我们要感谢大文豪曹雪芹，他用如花妙笔，把菜肴的用料、做法、口味写得细致入微，为我们奉献了一道名菜，也给我们揭

---

① ［鲞］泛指成片的腌腊食品。
② ［搛］用筷子夹取。
③ ［鸡爪子］鸡丁。

开了中国传统饮食文化的一角。

中国传统饮食文化历史悠久，烹调技艺闻名寰宇。

从内涵看，饮食文化深厚广博，涉及食材、食器的开发与利用，食品的生产与消费，餐饮业的经营与管理，以及饮食与人生、饮食与艺术、饮食与国家的关系等。

从外延看，饮食文化可以从时代、地域、民族、食品等多种角度进行分类，展示出不同的文化品味，异彩纷呈。

从影响看，饮食文化直接影响到日本、蒙古、朝鲜、韩国、泰国、新加坡等国家，是东方饮食文化圈的轴心；与此同时，它还间接影响到欧洲、美洲、非洲和大洋洲。中国的饮食文化，已惠及世界。

由此可见，中国传统饮食文化是一种广视野、深层次、多角度、高品位的历史悠久的区域文化，是中华各族人民在长期的生产和生活实践中创造、积累的，并影响到了周边国家和世界的物质财富及精神财富。

二　回眸远望

中国饮食文化和世界各地的其他饮食文化一样，是随着人类社会的形成而产生，随着人类社会的发展而进步的。其发展过程大致可以分为史前社会、先秦两汉、唐宋、明清四个阶段。

（一）史前社会——从茹毛饮血到粗茶淡饭

"茹毛饮血"反映的是人类还不会主动使用火时的饮食状况。当时人类采集野果、捕猎动物只是为了充饥，谈不上烹调艺术。有人依据黄帝制造釜甑（zèng）①、教人建灶蒸谷的传说，认为他是烹饪的始祖；有人认为燧人氏②"钻木取火，以化腥臊"，揭开了烹饪史的第一页。实际上，古籍中的这些记载都是后人追记的，而且常常被涂上了一层神话色彩，难免出现把一

---

① ［甑］古代蒸饭的一种瓦器，底部有许多透蒸气的孔格。
② ［燧人氏］中国上古神话中钻木取火的发明者，为三皇之一。

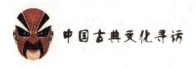

个时代或者一个氏族部落的某些创举集中到一个人身上的情况。用科学眼光来看，中国饮食文化的起源，是从人类使用火、吃熟食开始的。

史前社会后期，人们已经学会了种植谷子、水稻等农作物与饲养猪、犬、羊等家畜，奠定了中国饮食结构基础——以农产品为主、以肉类为辅。与此同时，人们制造出陶器，用来烹饪、盛放食物。简陋的工具、单调的食材决定了当时的烹调技术只有炮、炙、蒸、煮等几种初级方法。

（二）先秦两汉——从酒池肉林到食不厌精

商末帝王纣，是一个好色好酒的人，《史记·殷本纪》称："纣以酒为池，悬肉为林，使男女裸相逐其间，为长夜之饮。"后人常用酒池肉林形容生活奢侈、纵欲无度。商纣的暴政最终导致商朝的灭亡。但我们从饮食的角度来看，会觉得纣王的饮食太不讲究，远没有现在一般百姓家吃得精美。

先秦两汉是中国饮食文化的形成时期。经过夏、商、周近 2000 年的发展，中国饮食文化的特点已基本形成。食物原料丰富多样，除了此前已得到广泛种植的黍、粟外，麦、粱、稻已在人们日常食物中占有较大比重。到了汉代，汉族地区中畜养牛羊数目达一二百头的农家大量出现，一般百姓逢年过节都要烹牛宰羊，大摆宴席。中原和西域饮食文化交流频繁，从西域地区引进了芝麻、甜瓜、黄瓜、菠菜、胡萝卜、茴香、芹菜、胡豆、大葱、大蒜等。

被誉为"植物肉"和"最佳食品"的豆腐也出现在这一时期。李时珍在《本草纲目》中说："豆腐之法，始于前汉淮南王刘安。"豆腐物美价廉，可做出许多种菜肴，近年来豆腐在西方也名声大振，深得人们喜爱。

"由于青铜的广泛使用，食器有了较大发展。新的食器不断出现，如壶、盒、罐等，以及蒸食的蒸笼、饮茶的托盏和带有异域色彩的银器等。"这一时期，对不同地位的人使用器具的数目有严格规定，所谓"天子九鼎，诸侯七，大夫五，元士三"。鼎本来是古代的烹饪之器，相当于现在的锅，用来炖煮和盛放鱼肉。传说大禹曾收九牧之金，铸九鼎于荆山之下，以象征九州，并在上面镌刻魑魅魍魉（chī mèi wǎng liǎng）① 的图形，让人们警惕，防止被其伤害。自从有了禹铸九鼎的传说，鼎就从一般的炊器发展成为传国重器。"鼎"字也就被赋予了"显赫"、"尊贵"、"盛大"等引申意义，如：一言九鼎、大名鼎鼎、鼎盛时期、鼎力相助等。

（三）唐宋时期——从烹龙庖凤到水陆毕陈

唐宋时期是中国饮食文化的丰富时期。商业和手工业的蓬勃发展，水陆交通的发达和城市的兴起促进了饮食业的发展。饮食文化生活成为文人士大夫重要的社交文化活动，文人们重视美食、美味、美器、美境，强化了饮食文化的审美性质。

"烹龙庖凤玉脂泣"是唐代李贺诗中极言珍稀名贵美味菜肴的诗句，"烹龙庖凤"从此留在了中国人的记忆中。白居易《轻肥》诗中也谈到了唐时的食物，"尊罍（léi）② 溢九酝，水陆罗八珍"，这是指各种山珍海味全都陈列出来，形容菜肴极其丰富。

《武林旧事》③ 记载的一次盛宴中有 200 多道菜肴，其中有以猪、鸭、虾等物经烤、煮诸多工艺制作成的菜肴 41 道，果品和蜜饯 42 道，蔬菜 20 道，各类鱼 29 道，饮料 17 种，点心 59 道……所涉及的食物种类繁多，天上地下、水生陆长的生物几乎无所不包。可见，在南宋时期，中国的饮食文化已趋于成熟。

这一时期的饮食器具品种齐全，不仅在数量上大为增加，而且在花色品种上更加丰富多样，食器有了比较固定而专门的用途。如饮器，以大小功用的不同，有盏、杯、盅之别，可见其各司其责、分工明确。至今仍然有重要

---

① ［魑魅魍魉］原为古代传说中的鬼怪，现在指各种各样的坏人。

② ［罍］古代一种盛酒的容器。小口，广肩，深腹，圈足，有盖，多用青铜或陶制成。

③ ［《武林旧事》］追忆南宋都城临安城市风貌的著作。武林即临安（今浙江杭州）。全书十卷，周密（1232～1298）撰。密字公谨，号草窗，祖籍齐州历城（今山东济南），曾祖随宋室南渡。

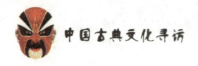

艺术价值的"唐三彩"，在当时就已是各类高级筵席上的名贵食器。到了宋代，瓷器食具更以其精美绝伦的形态丰富着我国的饮食文化。

（四）明清时期——从成龙配套到满汉全席

清末民初，没落的八旗子弟穷困潦倒，吃窝窝头尚且难以为继，请客时却仍讲究几个盘子几个碗，成语"成龙配套"应运而生。

明清时期是中国饮食文化的高峰期，既对唐宋的饮食文化进行了继承和发展，同时又融入了满蒙的特点。这个时期的饮食结构有了很大变化，小麦、小米、高粱的比例不断增加，成为北方地区的主要粮食作物。人工培育的蔬菜瓜果日渐增多，同时陆续从域外引进了甘蓝、菜花、丝瓜、苦瓜、南瓜、辣椒等，大大地丰富了中国饮食的原料和味道。此前的野禽野兽已逐渐被家禽家畜所代替。花卉类原料进入饮食原料的行列，参与了饮食的制作过程，如茉莉、玫瑰、芍药、蔷薇、茱萸、玉兰、菊花、金银花、桂花、腊梅花、百合花、桃花等，不但可以入茶、酿酒，可以用来制作各类糕饼饭粥、美味佳肴，还可以制酱，甚至可以直接食用。《红楼梦》中就多次写到"玫瑰清露"、"梅花香饼儿"等。

这一时期的瓷餐具式样丰富，品种繁多，而纹饰上多"用白地青花，间装五色，为古今之冠"。这些饮食器具与当时品种繁多的肴馔相结合，丰富了饮食文化的内涵。

满汉全席代表了清代饮食文化的最高水平。满汉全席兴起于清代，是集满族与汉族菜点之精华而形成的历史上最著名的中华大宴。乾隆甲申年间李斗所著《扬州画舫录》中记有一份满汉全席食单，是关于满汉全席的最早记载。满汉全席上菜起码有一百零八种（南菜54道和北菜54道），分三天吃完。满汉全席菜式有咸有甜、有荤有素，取材广泛，用料精细，山珍海味无所不包。

三 流光溢彩

孙中山先生在其《建国方略》一书中说："我中国近代文明进化，惟饮食一道之进步，至今尚为各国所不及。"归纳起来，中国传统饮食文化有以下几个方面的特点。

（一）求美感

1. 重视菜肴的口味美

"民以食为天，食以味为先"，中国饮食之魅力，关键就在于五味调和，注重鲜味与原味的保留，尽量去除腥膻味，十分重视火候，讲究口味，不论何种烹制方法，都强调火候要掌握得恰到好处，尽量做到不过、无不及。在口味的配合上，强调香气，突出主味，适时加入适当的香料，如葱、姜、蒜、辣椒、料酒、八角、桂皮、胡椒、麻油、香菇等，使烹煮的食物气味芬芳。

为了使菜肴的口味美，中国饮食在烹饪的技法方面作了许多有益的探索，如烧、烤、煎、炙、爆、焙（bèi）①、炒、熏、烙、烹、煮、涮、脍、蒸、煨、熬等，达数十种之多，可谓世界之最。

2. 重视菜品的外形美

中国饮食文化注重食物的色、香、味、形、器的协调一致。在色的配制上，讲求以辅助的色彩来衬托、突出、点缀和适应主料，形成菜肴色彩的均

———————————

① ［焙］用微火烘烤。

匀柔和、主次分明、和谐悦目。无论是一个红萝卜还是一棵白菜心，都可以雕出各种造型。

有的还针对某一种菜肴，在食器上绘饰与菜肴内容相关的图案。如每年农历七月初七，清宫御膳房所做的巧果，都要放在绘有"鹊桥仙渡"图案的珐琅彩瓷碗中。其图案取材于"喜鹊搭桥，牛郎织女越天河相会"的神话传说。

3. 重视饮食的情趣美

我国饮食文化很早就注重品味情趣，不仅对饭菜点心的色、香、味有严格的要求，而且对菜肴的命名、品味的方式、进餐时的节奏和娱乐的穿插等都有一定的要求。中国菜肴的名称可以说是出神入化、雅俗共赏，既有根据主、辅调料及烹调方法来命名的，也有根据历史掌故、神话传说、名人食趣、菜肴形象来命名的，如"全家福""将军过桥""狮子头""叫花鸡""龙凤呈祥""东坡肉"……

"佛跳墙"是闽菜中的传统名肴。据传，此菜起源于清朝末年。当时，福州扬桥巷官银局的一位官员，在家中宴请布政使周莲。官员夫人亲自下厨，选用鸡、鸭、猪肉等 20 多种原料放入绍兴酒坛中，精心煨制而成菜肴。周莲尝后赞不绝口。事后，周莲带厨师郑春发到官银局学习此菜做法。回衙后，郑春发精心研究，在用料上加以改革，多用海鲜，少用肉类，效果尤胜前者。

一天，几名秀才来饮酒品菜，坛盖揭开，满堂荤香。秀才们闻香陶醉，忙问此菜何名，答曰：尚未起名。于是一个秀才即席吟诗作赋，其中有诗句云："坛启荤香飘四邻，佛闻弃禅跳墙来。"众人应声叫绝。从此，"佛跳墙"便成了此菜的正名。

4. 重视宴饮的和谐美

中国人不仅仅把宴饮看做果腹的手段，而且习惯于把它作为联络人与人感情的纽带。中国古代君王通过宴饮"以通上下之情"，借以获得国家的长治久安；民间宴饮则是通过吃喝联络感情、消除隔阂，以达到家庭和睦、邻居相亲乃至民族团结。秦末，项羽在鸿门宴请刘邦，史称"鸿门宴"；唐代科举考试后，帝王召集新中的进士举行宴会，称为"曲江游宴"，宋时也称

为"琼林宴"；康熙为昭示自己的文治武功，举行过"千叟宴"。

在进食方式上，中国人多喜"共食"的方式。西方人虽然也同桌而食，用的却是各吃各的"分餐"吃法，与中国人同吃一菜、共饮一汤不同。在中国，无论是文人墨客的雅集宴饮，还是普通百姓的酒肆聚会，都追求在对不同口味菜肴的共同品尝中，在诗情画意的宴饮氛围中，达到人与自然、人与人之间和谐美的人生境界。如除夕一家人围坐在一起包饺子，团团圆圆，共享天伦之乐，情趣之浓难以言表。

（二）重礼俗

1. 重视和饮食文化有关的先贤和书籍

在中国历史上，发明熟食、善于烹调的先人，很多都被奉为圣人。比如：传说中的燧人氏、伏羲氏、神农氏，被后世尊为中华民族的始祖，他们都有开辟食源或教民熟食的丰功伟绩；商朝著名宰相伊尹因为善于烹饪雁羹和鱼酱，被后世推为烹调之圣；周朝的开国元勋姜尚（字子牙，俗称姜太公）从政前钓鱼、屠牛、卖饭，传为美谈。孔子曰："饮食男女，人之大欲存焉。"老子说："治大国如烹小鲜。"

饮食在中国出世不凡，不仅是因为有这样的圣贤做表率，还由于它是儒家文化核心思想——礼的本源。"夫礼之初，始诸饮食。"中国人习惯把人生的喜怒哀乐、红白喜事、应酬交际导向饮食活动，用以礼尚往来，增进人与人之间的关系。这极大地促进了中国烹饪技术的发展。

文人学士在享受美味的同时，也不吝笔墨著书立说。一部《论语》出现"食"与"吃"字就有71次之多，其频率仅次于"礼"。从西晋的《安平公食学》一直到清代袁枚的《随园食单》，有关"食"的佳作迭出。以美食家自许，甚或亲自执厨的文人学士不胜枚举。卓文君当垆（lú）① 卖酒被传为千古佳话，东坡肉和陆游的素馔名盛一时。如果说古代士大夫鄙薄技艺，对科学技术甚少关注的话，那么在烹饪技艺的钻研和著述方面，却是一个例外。这成为中国文化史上一个有趣的现象。

2. 重视和饮食文化有关的礼节

中国素有"礼仪之邦"的美誉，在饮食方面，也有自己的一套饮食礼仪。据文献记载，至少在周代，饮食礼仪已形成一套相当完善的制度。这些饮食礼仪在以后的社会实践中不断得到完善，在古代社会发挥过重要作用，对现代社会依然产生着影响，成为文明时代的重要行为规范。

像请客的礼仪，主人折柬相邀，迎客于门外。宾客到时，互致问候，引入客厅小坐，敬以茶点。客齐后导客入席。客人坐定，由主人敬酒让菜，客人以礼相谢。宴饮结束，引导客人入客厅小坐，上茶，直到辞别。这些传统宴饮礼仪至今在我国大部分地区仍保留完整，在影视作品中也多有体现。

还有座次的讲究，如果是家宴，首席为辈分最高的长者，末席为辈分最低者；宴请客人，首席为地位最尊的客人，主人则居末席。"鸿门宴"中，项王、项伯东向坐，亚父南向坐，沛公北向坐，张良西向侍，显示出项羽自高自大的一面。

吃饭时也有很多礼仪要求。《礼记·曲礼》中说：不可只顾自己吃饱，

---

① ［垆］旧时酒店里安放酒瓮的土台子，亦指酒店。

要检查手的清洁，不要把多余的饭放进锅中，不要喝得满嘴淋漓，不要吃得喷喷作声，不要啃骨头，不要把咬过的鱼、肉再放回盘碗里，不要大口出声地喝汤，不要当众剔牙齿。这些礼仪，一直延续到了现代社交场合。

3. 重视饮食文化和传统节日的关系

中国美食的一大特点是具有节日性，像春节的饺子、年糕，元宵节的汤圆，端午节的粽子，中秋节的月饼，重阳节的菊花糕，腊八节的腊八粥等，这些也是最具民族特色的食物。较具民族特色的还有火锅、油条、馄饨等。这些美食构成了中国饮食文化不可或缺的一部分。

（三）讲和谐

1. 与天时和谐

一年四季，按季节而吃，是中国饮食又一大特征。古代人特别强调进食与自然节律协调同步，春夏秋冬、朝夕晦明要吃不同性质的食物，甚至加工烹饪食物也要考虑到季节、气候等因素。冬天饮食宜味醇浓厚，夏天讲究清淡爽口；冬天多炖、焖、煨，夏天多凉拌、冷拼。这些思想早在先秦就已经形成，《礼记·月令》中就有明确的记载，而且当时的人们已明确反对颠倒季节饮食，如认为春"行夏令""行秋令""行冬令"必有天殃。谚语中也有"冬吃萝卜夏吃姜，不用医生开药方"的说法。这种强调适应自然节律的思想意识的确是华夏饮食文化所独有的。

2. 与地域和谐

由于我国幅员辽阔、地大物博，各地的气候、物产、风俗习惯都存在着差异，长期以来，在饮食上也就形成了许多风味。在主食上，我国一直有"南米北面"的说法；在菜品上，最有名的当属八大菜系。长期以来，在某一地区，由于地理环境、气候物产、文化传统以及民族习俗等因素的影响，形成有一定亲缘承袭关系、菜点风味相近、知名度较高，并为群众所喜爱的地方风味的著名饮食流派被称做菜系。中国菜肴素有四大风味和八大菜系之说。四大风味是鲁味、川味、粤味、淮扬味，八大菜系一般是指山东菜、四

川菜、湖南菜、江苏菜、浙江菜、安徽菜、广东菜和福建菜。

有人把八大菜系用拟人化的手法描绘为：苏、浙菜好比清秀素丽的江南美女；鲁、皖菜犹如古拙朴实的北方健汉；粤、闽菜宛如风流典雅的公子；川、湘菜就像内涵丰富充实、才艺满身的名士。中国"八大菜系"的烹调技艺各具风韵，其菜肴特色也各有千秋。

3. 与生命和谐

在中国的饮食文化中，"养生"是一个极其重要的内容。我国的烹饪技术与医疗保健有密切的联系，在几千年前就有"医食同源"和"药膳同功"的说法，即充分利用食物原料的药用价值，使各种美味佳肴起到防治某些疾病的作用。关于"食医结合"，又可分为"食疗"和"药膳"。民间有"药补不如食补，食疗胜似药疗"的说法。而"药"与"膳"的结合，形成一种特殊的食品，借食之味，取药之性，将中国食疗学推向了一个新的高度。"食之养人，全赖五谷"，中国人认为五谷最养人，肉食在中国人的膳食结构中比重不大。这种观点不无科学，以素食为主的饮食结构，使人们免去了许多疾病的困扰。

作为世界烹饪三大风味体系之一的中国饮食，不仅具有美食价值和艺术价值，就连制作过程都能给人带来无尽的享受。台湾女作家三毛在《沙漠中的饭店》里说："我一向对做家事十分痛恨，但对煮菜却十分有兴趣。几只洋葱，几片肉，一炒变出一个菜来，我很欣赏这种艺术。"

四　经典荟萃

(一) 钟鸣鼎食谈鲁菜

"莫品人生小味，必尝九转大肠"，你听过这副对联吗？它介绍的是一道名菜——"九转大肠"。清代光绪年间，济南九华林酒楼的店主将猪大肠洗涮后，加香料用开水煮至软酥取出，切成段后，加酱油、糖、香料等调味，制成又香又肥的红烧大肠，受到了顾客的欢迎，闻名于世。后来，他在菜品的制作上又有所改进，将大肠入开水煮熟后，入油锅炸，再加入调味品和香

料烹制，使此菜味道更加鲜美。文
人雅士认为其制作工艺精细，如道
家"九炼金丹"一般，因此将其取
名为"九转大肠"。"九转大肠"
是鲁菜的代表菜品。

　　鲁菜可算得上八大菜系之首。
鲁菜的形成和发展与山东地区的文
化历史、地理环境、经济条件和习
俗风尚有关。齐鲁大地是我国古文化的发祥地之一，物产丰富，蔬菜种类繁
多，如胶州大白菜、章丘大葱、苍山大蒜等都蜚声海内外。这些为鲁菜提供
了丰富多样的食材。

　　鲁菜历史极其久远。在《诗经》中已有食用黄河的鲂鱼和鲤鱼的记载，
而今"糖醋黄河鲤鱼"仍然是鲁菜中的佼佼者，可见其源远流长。秦汉时
期，山东的经济空前繁荣，贵族出则车马交错，居则琼台楼阁，过着"钟鸣
鼎食"的奢靡生活。北魏的《齐民要术》对黄河流域，主要是对山东地区
的烹调技术作了较为全面的总结，不但详细阐述了煎、烧、炒、煮、烤、
蒸、腌、腊、炖、糟等烹调方法，还记载了"烤鸭"、"烤乳猪"等名菜的
制作方法。历经隋、唐、宋、金各代的提高和锤炼，鲁菜逐渐成为北方菜的
代表。宋代时山东的"北食店"久兴不衰。

　　经过长时期的发展和演变，鲁菜系逐渐形成包括青岛在内、以福山帮为
代表的胶东派，和包括德州、泰安在内的济南派两个流派；此外，还有堪称
"阳春白雪"的典雅华贵的孔府菜。

　　清高宗乾隆曾八次驾临孔府，并将女儿下嫁给孔子第72代孙孔宪培，
同时赏赐一套"满汉宴·银质点铜锡仿古象形水火餐具"给孔府。这更促使
鲁菜中的奇葩"孔府菜"向高、精、尖方向发展。"一品豆腐"是孔府菜中
的名菜。据说乾隆驾临孔府时，孔府设宴迎驾，孔府厨师用精湛的刀工将一
整块豆腐做成豆腐盒子，然后将精心烹制的馅料填入其中，呈给乾隆品尝。

中国古典文化寻访

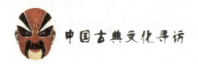

乾隆尝后赞叹："如将豆腐也按官爵分品，此菜可称为豆腐中的一品！"并御笔亲题"一品"二字专赐此菜。从此以后，孔府做这道菜时，必定用作料在豆腐盒子的盖面上摆出"一品"二字，以示其由来。

"八仙过海闹罗汉"是孔府喜寿宴中的第一道菜。取鸡脯肉150克斩成鸡肉泥，将其中一部分镶在碗底，做成罗汉钱状，称为"罗汉"。选用鱼翅、海参、鲍鱼、鱼骨、鱼肚、虾、芦笋、火腿为"八仙"。将鱼肉切成条，夹入鱼骨；活青虾做成虾环；将鱼翅与剩下的鸡肉泥做成菊花鱼翅形；海参做成蝴蝶形；鲍鱼、鱼肚切成片；芦笋发好后选取八根。将上述食物用精盐、味精、绍酒调好口味，上笼蒸熟取出，分别放入瓷罐，摆成八方，中间放"罗汉"鸡，上面撒火腿片、姜片及青菜叶，将烧开的鸡汤和少许熟猪油浇上即成。

而胶东派擅长爆、炸、扒、熘、蒸，口味以鲜夺人，偏于清淡；选料则多用明虾、海螺、鲍鱼、蛎黄、海带等海鲜。其中名菜有"扒原壳鲍鱼""蟹黄鱼翅""芙蓉干贝""烧海参""烤大虾""炸蛎黄""清蒸加吉鱼"等。

济南派则以汤著称，辅以爆、炒、烧、炸，菜肴以清、鲜、脆、嫩见长。其名肴有"清汤什锦"、"奶汤蒲菜"，清鲜淡雅，别具一格。

（二）天府之国说川菜

名菜往往都有一个响亮好听的名字，比如"龙虎斗""西施舌"，可是川菜中却有一道菜叫"麻婆豆腐"。据说清同治年间，成都北门外万福桥边有家小饭店，面长麻子的陈姓女店主用嫩豆腐、牛肉末、辣椒、花椒、豆瓣酱等烹制出的豆腐佳肴，麻、辣、香、酥、嫩、烫、形整，十分受人欢迎，很快便闻名遐迩，求食者络绎不绝，甚至文人骚客也常会于此。有好事者观陈氏脸有麻痕，便戏称此菜为"麻婆豆腐"，此名不胫而走。清朝末年，"麻婆豆腐"被列为成都的著名菜肴。

川菜也是一个历史悠久的菜系，其发源地是古代的巴国和蜀国。川菜的形成，大致在秦始皇统一中国到三国鼎立期间。三国时魏、蜀、吴鼎立，刘备以四川为"蜀都"。当时四川的政治、经济、文化中心逐渐移向成都。其时的川菜，无论是烹饪原料的取材、调味品的使用，还是刀工、火候的要求和专业烹饪水平，均已初具规模。西晋文学家左思在《蜀都赋》中对1500多年前的川菜的烹饪技艺和宴席盛况这样描绘："若其旧俗，终冬始春，吉日良辰，置酒高堂，以御嘉宾。"

唐代诗仙、诗圣都和川菜有不解之缘。诗仙李白幼年随父迁居现在的四川江油青莲乡，直至25岁才离川，在四川生活了近20年。他很爱吃当地的名菜"焖蒸鸭子"。厨师宰鸭后，将鸭放入盛器内，加酒等各种调料，注入汤汁，用一大张浸湿的绵纸，封严盛器口，蒸烂后保持原汁原味，既香且嫩。天宝元年，李白受到唐玄宗的宠爱，入京供奉翰林。他以年轻时食过的"焖蒸鸭子"为蓝本，用百年陈酿花雕、枸杞子、三七等蒸肥鸭，献给玄宗。皇帝非常高兴，将此菜命名为"太白鸭"。诗圣杜甫长期居住于四川成都，也非常喜欢川菜，他作的《观打鱼歌》中就有对"太白鸭"的赞美诗句。

宋代时，川菜越过巴蜀境界，进入东都，为世人所知。无独有偶，宋代也有两位大文学家对川菜有着千丝万缕的情思，那就是北宋的苏轼与南宋的陆游。苏轼不但撰写了脍炙人口的《老饕（tāo）赋》①，还创制了东坡肉、东坡羹等佳肴，为川菜作出了不小的贡献。他的诗歌中，写以蔬菜入馔的特别多，如："秋来霜露满冬园，芦菔生儿芥有孙。我与何曾同一饱，不知何苦食鸡豚。"（《撷菜诗》）浙江人陆游长期在四川为官，对川菜兴味浓厚。陆游的《剑南诗稿》中涉及四川饮食的诗竟达50多首，晚年还曾在《蔬食戏作》中咏出"还吴此味那复有"的动情诗句，此外他还在诗中称道了四川的韭黄、粽子、甲鱼羹等食品。他的作品让我们从另一个角度了解到四川民间美食的绚丽。

---

① ［老饕赋］文中有"盖聚物之夭美，以养吾之老饕"。"老饕"一词由"饕餮"演变而来。在这儿的意思是指极能饮食。

清乾隆年间，四川罗江著名文人李调元在其《函海·醒园录》中系统地收集了川菜的 38 种烹调方法，如炒、滑、爆、煸、熘、炝、炸、煮、烫、糟、醉、冲等，以及冷菜类的拌、卤、熏、腌、腊、冻、酱等。川菜享有"一菜一格，百菜百味"的美誉，特点是突出麻、辣、香、鲜，油大、味厚，重用"三椒"（辣椒、花椒、胡椒）和鲜姜。调味方法有干烧、鱼香、怪味、椒麻、红油、姜汁、糖醋、荔枝、蒜泥等复合味型。代表名菜有"宫保鸡丁"、"回锅肉"、"鱼香肉丝"、"夫妻肺片"、"麻婆豆腐"、"灯影牛肉"、"鸳鸯火锅"、"干烧岩鲤"、"家常海参"、"锅巴肉片"、"干煸冬笋"等 20 多味。

（三）何以解忧话美酒

作为饮食文化中不可或缺的一样东西，酒在中国有着悠久的历史，深受人们的喜爱。在中国民间，人们普遍认为酒为杜康所造，并称他为"酒神"。而史料记载，早在商代，中国人已普遍用谷物酿酒了。谷物酿酒，这也是中国酿酒的一个特色。后来，中国人在酿酒的技术上有了一项重要的发明，就是用酒曲造酒。这一技术在当时得到广泛的传播，促进了中国家庭酿酒的发展。

酒与中国人的生活密不可分，除了饮用外，它的用途十分广泛，祭天祭祖要酒，宴飨（xiǎng）亲朋要用酒，节庆、婚丧、贺喜、祝捷、浇愁、解闷、赠别等都离不开酒。酒可以提神、御寒、治病、交友、解忧……在中国古代，许多诗人、名人与酒有着不解之缘，他们寄情于酒，正如苏轼在《念奴娇·赤壁怀古》中写的那样："人生如梦，一樽还酹江月。"

魏晋时期的"竹林七贤"之一刘伶好喝酒，有关刘伶喝酒的故事在民间流传很多。如刘伶常乘鹿车漫游，车中无物，唯有一大壶酒，车后童仆肩扛锸（chā）① 随之。刘伶对童仆说："我走到哪儿醉到哪儿，死了就挖个坑把我埋了。"其妻不忍其乱醉，乃尽毁其酒具，泼其酒，刘伶乃道："吾不能自

_____

① ［锸］铁锹，掘土的工具。

禁，惟当祝鬼神誓耳，便可具酒肉。"其妻信以为真，乃摆酒肉以告。刘伶祝曰："天生刘伶，以酒为名，一饮一斛，五斗解酲（chéng）①。妇人之言，慎不可听。"乃饮酒吃肉。

《晋书》第四十九卷记载，晋文帝司马昭曾想和阮籍结为儿女亲家，但籍不愿攀附司马氏，怕与权贵沾上亲戚后陷入政治斗争，贻害后代；但他又不敢违命，怕遭杀身之祸。于是阮籍想到了酒。不知阮籍到底喝了多少酒，只知道史载他一醉六十天，醉到了舌头发硬、无法张口说话的地步。因为他醉得无法言语，文帝只好把这件婚事搁下。阮籍这才蒙混过关。

陶渊明嗜酒、写酒，《五柳先生传》中先生与酒浑为一体，意趣盎然。描写"酒中人"最有名的是杜甫的《饮中八仙歌》："知章骑马似乘船，眼花落井水底眠。汝阳三斗始朝天，道逢麴（qū）② 车口流涎，恨不移封向酒泉。左相日兴费万钱，饮如长鲸吸百川，衔杯乐圣称避贤。宗之潇洒美少年，举觞（shāng）白眼望青天，皎如玉树临风前。苏晋长斋绣佛前，醉中往往爱逃禅。李白一斗诗百篇，长安市上酒家眠，天子呼来不上船，自称臣是酒中仙。张旭三杯草圣传，脱帽露顶王公前，挥毫落纸如云烟。焦遂五斗方卓然，高谈雄辩惊四筵。"杜甫笔下的群像，完全可以看做是唐人，尤其是盛唐人生活的招贴画。

有别于西方人的不同场合用不同的酒，中国人喝酒更钟情于某一种酒。在喜欢饮酒的性情中人来看，人间的百般妙趣、酸甜苦辣都融入这点滴之间。中国人的好客在酒席上发挥得淋漓尽致，故人重逢，好友相聚，斟饮几杯，其乐融融，喝到兴头上，猜拳行酒令，斗智斗勇斗酒量，好不热闹。酒须逢知己，那才有饮不完的痛快，此时千杯亦少矣。

不过，我们中学生不宜饮酒。因为青少年处于生长发育阶段，各组织器官尚未发育成熟。酒精的刺激会引起食管、胃粘膜充血、发炎，导致肝脏组

---

① ［酲］酒醉后神志不清有如患病的感觉。
② ［麴］同"曲"，造酒的原料。

织病变。尤其是青少年正处在智力发育的关键时期，神经系统发育不成熟，对不良刺激更敏感。饮酒可致头晕、头痛、注意力不集中、情绪不稳定、记忆力减退等。所以，青少年不饮酒是对自身健康的有效保护。

（四）齿颊生香品佳茗

中国有句俗话，"开门七件事——柴米油盐酱醋茶"，可见茶在日常生活中的地位。中国是世界上最早把茶当做饮料的国家。饮茶有益健康，几乎成了所有中国人的共识。茶叶作为生活中的必需品，几乎每家每户都备有。在我国，广泛流传着这样一个习俗：客人来了，主人献上一杯芳香馥郁的清茶，显示主人的友好情谊；饭后，斟上一杯甘醇可口的香茶，以除腻解渴。

中国是茶的故乡。在中国茶史上，有一个永远光辉闪耀的杰出人物，那就是被后世尊为"茶圣"的陆羽，他写了世界上第一部茶书——《茶经》。在中国古代，到处都有茶楼酒肆，在如今的繁华市区，仍是茶馆林立，供不同的消费者饮茶品茶。我国的茶品繁多，不同的地区有不同的偏好，不同的季节饮茶也不同。江南人喜欢绿茶，西南地区爱喝普洱茶，闽粤一带常喝乌龙茶；春天饮绿茶，秋天饮贡菊，寒冬饮乌龙、普洱、铁观音，大江分南北，一年分四季，但都有品不完的茶香。

中国人用茶极为讲究，要泡一壶好茶，不仅要选上好的茶叶，还要注意水质、水温、茶量和茶具等要素。说到茶具就不得不提一提紫砂壶，它是用宜兴蜀山镇特有的紫砂泥制成的，以优良的沏茶功能著称。做工精美的高档紫砂茶具曾一度是学识、地位、身份的象征。在中国，斟茶也有讲究，中国有这样的说法："酒满敬人，茶满欺人。"即斟茶不宜满，以七八分为宜。在主人给客人斟茶时，客人可用食指和中指轻叩桌面行叩指礼。相传这种礼节起源于乾隆，如今不仅流行于国内，在东南亚的华侨中间也很流行。几千年来，茶不仅得到文人骚客的垂青，同时也受到市井匹夫的喜爱，经历了无数沧桑，积淀了深厚的中国茶文化。

茶亦是道，饮茶有茶道。中国茶道包含茶艺、茶德、茶礼、茶理、茶情、茶学说、茶导引七种义理，其精神的核心是"和"。功夫茶是集中国茶道之大成者。清代俞蛟在《梦厂杂著·功夫茶》中指出："功夫茶，烹治之法，本诸陆羽《茶经》，而器具更为精致。"功夫茶起源于宋代，在广东的潮州府（今潮汕地区）及福建的漳州、泉州一带最为盛行，乃对唐、宋以来品茶艺术的承袭和深入发展。功夫茶以浓度高著称，初喝可能会嫌其苦，习惯后则会嫌其他茶滋味不够了。烹制功夫茶采用的原料是乌龙茶，如铁观音、水仙和凤凰茶。只有这类茶才能冲出功夫茶所要求的色香味。苏辙有诗曰："闽中茶品天下高，倾身事茶不知劳。"

五　含英咀华

许多中学生对我国的传统饮食文化缺少了解，一些人甚至认为饮食文化无非就是谈谈做饭、吃喝，既不高雅，又不时尚。其实，我们对饮食文化中涉及的内容并不陌生，民谚俗语、电视电影、小说小品，甚至语文课本里都告诉了我们许许多多的饮食文化。饮食文化的历史和人类的历史一样漫长，而且渗透于人类生活的各个领域；它的内容和百科全书一样丰富多彩，而且还在不断地充实；它特点鲜明而又兼容并蓄，它重视传统而又与时俱进；它根植于厨房而又影响着庙堂，它满足着人的口腹，也滋养着人的精神。

因此，虽然在有限的时间里无法面面俱到地了解祖国传统的饮食文化，不过我们可以根据自身的基本情况和学校、家庭的环境，合理利用资料，重视情感体验和个体思考，在加强阅读的基础上，通过一些新颖实用的活动，了解中国饮食文化的内涵和外延，了解中国饮食文化的历史，把握中国饮食文化的特征，掌握一定的饮食礼仪。

（一）从动脑归纳中了解饮食历史

中国饮食文化历史的各个分期界限明显，内容差异性大。阅读完"回眸

远望"部分，把下面的表格填写完整，我们就会初步了解不同历史阶段中国饮食的不同特征和产生这种不同的原因了。

	主食	肉类	水果	食器
史前社会				
先秦两汉				
唐宋				
明清				

（二）从动口诵读中了解饮食文化特征

我们可以根据"流光溢彩"部分的内容，上网搜集图片或录像资料，鉴赏品味；也可以搜集有意思的菜名，向亲朋好友介绍名菜的来历和传说。

下面我们做一个小练习：

有人根据一首七言绝句的唐诗，做了四道菜。你能根据下面四道菜的食材和外形，猜出这首唐诗吗？

第一道：两个炖蛋黄，上面覆盖一层清香葱叶；第二道：把熟蛋白切成小块，排成一行，下面垫一片青菜叶；第三道：清炒蛋白一小撮；第四道：一碗清汤，加入调料，上面浮几块蛋壳。

说一说，这种做菜方式符不符合中国饮食的特点？

（三）从动态表演中掌握饮食礼仪

你现在掌握了多少饮食礼仪？请演示一下吧。

1. 你到朋友家做客，朋友的父母邀请你一起吃饭。吃饭时，你该坐在什么位置？应该注意哪些问题？

2. 你父母的朋友到你家做客。吃饭时你该坐在什么位置、应该注意哪些问题？吃饭后应该做哪些事？

（四）从动手模仿中体会饮食文化之美

功夫茶独具一格，是因为泡茶的方式极为讲究，操作起来需要一定的"功夫"。此"功夫"，指的是沏泡的学问及品饮的功力。有人把功夫茶的泡法归纳为十八道程序：

焚香静气：焚点檀香，营造出幽静、平和的气氛。

叶嘉酬宾：出示准备泡的茶叶让客人观赏；"叶嘉"是苏东坡对茶叶的美称。

活煮山泉：泡茶用水以山溪泉水为上，用火煮沸，所谓"活水还须活火烹"。

孟臣沐霖：烫洗茶壶。惠孟臣是明代制紫砂壶的名家，后人把名茶壶喻为"孟臣"。

乌龙入宫：把乌龙茶放入紫砂壶内。

悬壶高冲：又称高山流水，即把盛开水的壶提高后冲水，能充分激荡茶叶，使之翻动，易洗净。

春风拂面：用壶盖轻轻刮去茶汤表面的白色泡沫，使茶叶更清洁（不喝）。

重洗仙颜：用开水淋洗茶壶茶杯，既洗净茶壶外表又提高壶温。

若琛出浴：烫洗茶杯。若琛为清初人，以善制茶杯出名。

玉液回壶：把已泡好的茶水倒入另一个茶壶，使茶汤更为均匀。

游山玩水：沿着杯壁斟茶一圈。

关公巡城：依次来回往各杯低斟茶水。

韩信点兵：壶中茶水只剩少许时，则往各杯中点斟茶水（又称蜻蜓点水或观音滴水）。

三龙护鼎：用拇指、食指扶杯，中指托杯，此法拿杯既稳当又雅观。三根手指被喻为"三龙"。此时另一手可做护杯姿势。

喜闻幽香：闻乌龙茶的香味。

鉴赏三色：认真观看茶水在杯中的上、中、下三种颜色。

初品奇茗：观看、闻香后开始品茶汤味道（三口为一品）。

尽杯谢茶：起身喝尽杯中之茶，以感谢茶农栽种、制作佳茗，感谢茶艺小姐尽心热情地展示茶艺、茶礼。

先放一段"功夫茶"的录像，以组为单位模仿茶艺，体会茶道中蕴含的

中国文化。

　　另外你还可以从"酒的分类""八大名酒""名人与酒""诗歌与酒""健康与饮酒"以及"茶的分类""茶的加工""茶的用途""十大名茶""茶器""茶艺""茶道""诗歌与茶"等题目中，选择你最感兴趣的，讲给朋友听。

六　牛刀小试

　　（一）金庸先生在《射雕英雄传》里写到了一个烹饪大师，她不但心灵手巧，做得一手好菜，而且博学聪慧，能给菜起一个既高雅好听又形象好记的名字。下面我们阅读欣赏书中的片断：

　　黄蓉笑盈盈地托了一只木盘出来，放在桌上。盘中三碗白米饭，一只酒杯，另有两大碗菜肴。郭靖只觉得甜香扑鼻，说不出的舒服受用。只见一碗是炙牛肉条，只不过香气浓郁，尚不见有何特异，另一碗却是碧绿的清汤中浮着数十颗殷红的樱桃，又飘着七八片粉红色的花瓣，底下衬着嫩笋丁子，红白绿三色辉映，鲜艳夺目，汤中泛出荷叶的清香，想来这清汤是以荷叶熬成的了。

　　洪七公抓起筷子便夹了两条牛肉条，送入口中，只觉满嘴鲜美，绝非寻常牛肉，每咀嚼一下，便有一次不同滋味，或膏腴嫩滑，或甘脆爽口，诸味纷呈，变幻多端，直如武学高手招式之层出不穷，人所莫测。洪七公惊喜交集，细看之下，原来每条牛肉都是由四条小肉条拼成。洪七公闭了眼辨别滋味，道："嗯，一条是羊羔坐臀，一条是小猪耳朵，一条是小牛腰子，还有一条……还有一条……"黄蓉抿嘴笑道："猜得出算你厉害……"她一言甫毕，洪七公叫道："是獐腿肉加兔肉糅在一起。"黄蓉拍手赞道："好本事，好本事。"郭靖听得呆了，心想："这一碗炙牛肉条竟要这么费事，也亏他辨得出五般不同的肉味来。"洪七公道："肉只五种，但猪羊混咬是一般滋味，獐牛同嚼又是一般滋味，一共有几般变化，我可算不出了。"黄蓉微笑道："若是次序的变化不计，那么只有二十五变，合五五梅花之数，又因肉条形如笛子，因此这道菜有个名目，叫做'玉笛谁家听落梅'。这'谁家'两字，也有考人一考的意思。七公你考中了，是吃客中的状元。"

想一想，黄蓉做的菜肴体现了中国传统饮食文化的哪些特征？

（二）"四大名著"是中国乃至世界的宝贵文化遗产，在华人世界中有着深远的影响。毛泽东说过："生子当如仲谋，交友如鲁达，信心如唐僧，读书就读'四大名著'。"研读中国"四大名著"，既是在浏览中国古典文学的智能之海，也是在阅历中国传统人文、社会、伦理、历史、地理、民俗、心理、处事策略的知识之库。"四大名著"中当然少不了对饮食文化的描写，例如《红楼梦》的美食描写充溢着富贵气；《水浒传》的饮食描写则多为"大碗酒"、"大块肉"，充溢着豪侠气。

任选"四大名著"之一阅读，就其描写的饮食文化发表自己的见解，可以在班级或小组里举行读书报告会。

（三）和你的家人交流你所学到的饮食文化知识，并调查祖辈父辈们青少年时期的家庭饮食中的主食、菜肴，与你现在的饮食情况作比较，了解改革开放30年以来，我们祖国发生的巨大变化。可以用手抄报或黑板报的形式总结调查成果。

（四）用青岛的常见食材做一道菜肴，做完后给它起一个恰如其分又很有诗意的菜名，然后在父母好友品尝时讲给他们听，让他们评点。如果你是烹饪专业的学生或学校有这种条件，可以在课堂上创编一道菜，注意菜品的美感及其与天时、环境的和谐。

【参考书目】

[1] 穆艳霞：《饮食文化》，内蒙古人民出版社，2006。

[2] 马学思：《国粹百品》，中州古籍出版社，2004。

[3] 蒋荣荣：《红楼梦美食大观》，广西人民出版社，2007。

[4] 洪丕谟：《文化食旅》，上海远东出版社，2007。

[5] 王铎：《青岛掌故》，青岛出版社，2006。

［6］朱宁虹：《华夏饮食奇趣》，中国戏剧出版社，2005。

［7］胡自山：《中国饮食文化》，时事出版社，2006。

【参考媒体】

木斋文学	muzhaiwenxue. bloqchina. com
新浪 BLOG	blog. sina. com. cn
新华网	xinhuanet. com
中国期刊全文数据库	dlib. cnki. net
百度网站	www. baidu. com

第三章
雕栏玉砌应犹在，一砖一瓦总关情

—— 中国古典建筑文化

一　柴扉小叩

在天津蓟县这座古老的县城之中，有一颗熠熠闪光的明珠，它就是经历了千余年风雨的古建筑瑰宝——独乐寺。寺中的古建筑观音阁和山门，是我国现存建造时间最早的古代木构建筑之一，堪称中国古代建筑的典范。1932年，我国著名的建筑学家和建筑教育家梁思成先生赴蓟县作实地研究，写出了《蓟县独乐寺观音阁山门考》①一文，遂使这一千年瑰宝为世人所知。

独乐寺的山门

---

①　1932年，梁思成到蓟县调查测绘，撰写了《蓟县独乐寺观音阁山门考》，载于《中国营造学社汇刊》第三卷第二期"独乐寺专号"。该文总论中指出：独乐寺观音阁"盖我国木建筑中已发现之最古者。以时代论，则上承唐代遗风，下启宋式营造，实研究我国建筑蜕变的重要资料，罕有之宝物也"。

传说唐朝大将尉迟（yù chí）敬德奉李世民的旨意监修独乐寺。既是敕命修建，自然要修得与众不同，将军对工匠们说："佛得高，阁得高，不用钉，不用铆，你们就八仙过海，各显其能吧。"可是，几个月过去了，尉迟敬德对工匠们设计的式样均不满意，他为此心急火燎，只好借酒消愁。一天，他喝得迷迷糊糊正欲入睡，忽见一位黑胡子老者推门进来，手里提着一个蝈蝈笼子。尉迟敬德一看，这个蝈蝈笼子可不寻常，精巧别致，和他想象中的楼阁一模一样，外看两层，里面三层，中间有空井通到阁顶。他一阵高兴，忙向老者说明原委和自己的忧愁。老者把蝈蝈笼子放在桌上，说："这就是专门为修观音阁给你送来的。"说罢，转身而去。尉迟敬德抬腿要追，猛然惊醒，原来是南柯一梦。于是他赶忙把工匠们集合在一起，把梦里见到的蝈蝈笼子的式样给大家讲了，工匠们就照此设计施工。

三个月后，观音阁的骨架已经支起，就要上椽子了。一天中午，工匠们正吃饭，一个黑胡子老者走到跟前，作了个揖说："我也是木匠，同行是一家，我出门短了盘缠，诸位赏口饭吃吧。"工匠们说："请一块儿吃吧。"老者端碗吃起饭来，却一个劲儿地说"盐短"。一个工匠就给他捏了一撮盐，老者还是嫌"盐短"，另一个工匠又给他捏了一撮盐。老者把饭菜吃光了，抬头看了看观音阁，摇着头朝外面走去，边走边念叨："盐短！盐短啊！"尉迟敬德一听，猛然醒悟：这是鲁班爷点化我等，椽头出檐太短了！果然，工匠们将椽加长一尺后，大阁顿时出檐深远，高挑如飞。虽然这只是个传说，但正是这些能工巧匠，开创并发展了中国古代独特的木架构建筑艺术。

关于鲁班的传说，民间流传甚广。据说，他出身于工匠世家，掌握并创造了许多土木建筑技巧，发明了铲、刨、钻、锯、墨斗等工具，被土木工匠奉为"祖师爷"。在中国悠久的建筑历史中，鲁班其实是众多能工巧匠的代表，是劳动人民聪明才智的化身。

在神州大地上，任何一座古典建筑，都不仅仅是一座功用意义上的建筑，还蕴含着厚重的文化神韵，凝聚着独特的民族精神，并且处处影响着人们的生活。例如，我们常常看到古典建筑的大门上有门钉。那你可知道按照封建礼制，皇宫宫门上有多少颗门钉，亲王府正门上有多少颗门钉，公侯府正门上有多少颗门钉，一般官员府第正门上有多少颗门钉？例如，我们所熟悉的北京天安门是一座开间九间、进深五间的宫殿式建筑。你知道这种建筑形制隐含着怎样的寓意吗？再如，中国古典建筑的屋脊上有各种兽形构建，主要有

故宫屋脊上的兽形构件

鸱（chī）吻、龙、凤、狮、海马、天马、狻猊（suān ní）、獬豸（xiè zhì）等，你知道它们具有怎样的象征意义吗？

　　下面让我们踏进历史的长河，神游于异彩纷呈的中国古典建筑之中，跨越时空与古人进行心灵的对话，在人类绽放的智慧之花的花丛中感受中国古典建筑文化的凝重之美吧！

二　回眸远望

（一）中国古典建筑的起源

　　提起北京的天安门城楼，我们每个炎黄子孙心中都会涌起一种神圣、庄

天安门远景

严的感觉。它下有汉白玉石的须弥座和高大而色彩浓郁的墙台，上有两层重檐大楼，东西九间，南北五间，象征皇权的"九五之尊"。它通高 33.7 米，有 36 扇朱红菱花门扉，60 根通天圆柱，周边装饰贴金的"双龙合玺"彩锦，上有团龙图案的天花藻井。由一个 450 公

中国古典文化寻访

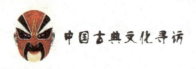

斤重的八角宫灯和 16 个各重 350 公斤的六角宫灯组成的众星捧月图案，使整个大殿庄严雄伟，金碧辉煌。

天安门之所以能成为中华民族丰碑式的建筑，就在于它是中国特有的建筑艺术的结晶，它是采用中国特有的建筑手法——木制的骨架结构法的代表性建筑之一。

众所周知，人类远祖最初的住所是洞穴，《易·系辞》就有"上古穴居而野处"的记载。直至今天，华北、西北地区还在普遍使用窑洞。但是在地形、地质和气候都不适宜穴居的地方，我们智慧的祖先很早就巧妙利用天然材料——主要是木材，辅以土石——加工建造，构筑成最早意义上的房屋。这种结构的基本规制，至迟在公元前一千四五百年时就形成了，一直沿用到今天。《诗经》、《易经》都提到这样的房屋，《诗经》以"作庙翼翼①""如鸟斯革，如翚（huī）斯飞②"等诗句形容屋顶的美，表现出先人对屋顶的像鸟翼展开的形状特别喜欢，因为它们既美观又能起到遮风避雨的作用。早期文学中提到的建筑的木构部分，基本上是指承托梁栋屋顶的骨架式结构，这就奠定了中国古典建筑土木文化的独特个性和民族特点。从安阳发掘出的殷墟宫殿遗址，一直到天安门、太和殿以及千千万万的庙宇民居，基本上都采用了这种木制的骨架式结构。南起越南，东到朝鲜、日本，凡是中华文化所及之地，遍布这种木制的骨架结构法的建筑。这一建筑系统满足了当地人民的需要，适用于各种用途。

（二）中国古典建筑的发展

沿着历史的长河溯流而上，我们不难发现中国古典建筑可分为三个发展阶段。

第一阶段：新石器时期至原始社会晚期。

---

① ［作庙翼翼］出自《诗经·大雅·绵》。庙：供祖先的宫室。翼翼：严正貌。

② ［如鸟斯革，如翚斯飞］出自《诗·小雅·斯干》。革：鸟张翅；翚：羽毛五彩的野鸡。意思是如同鸟儿张开双翼，野鸡展翅飞翔一般。旧时形容宫室华丽。

　　母系氏族社会晚期的新石器时代至原始社会晚期，是中国古典建筑文化的萌芽阶段。这一时期，中国代表性的建筑形式主要是"窑"和"庐"。从原始文化史料看，我们的祖先在夏季用树枝、树叶等植物编织搭建成遮蔽风雨的粗糙棚屋，在冬季挖地穴或利用天然洞穴，用泥土树枝或茅草封盖，作为自己的居住之所，形成了最早的冬"窑"夏"庐"的建筑形式。《孟子·滕文公》记载："下者为巢，上者为营窑。""窑"便是挖地穴，上面封盖，留出入口、天窗的一种冬季避风寒的住所。"庐"多修建在田地旁，做成圆庐形，编木为篱，扎草做门，用芦苇抹泥成屋盖。

　　第二阶段：奴隶社会至封建社会初期。

　　从公元前20世纪到公元前5世纪的夏、商、周及春秋时期，是中国古代建筑文化的发展和基本形成时期。从甲骨文的"家""宅""室"等字形来看，这一时期屋顶建筑选用"盖"的形式已经非常普遍了。看过电视剧《封神演义》的人一定会对商王那古朴高大、宽敞整齐的宫室留有深刻的印象。在河南偃师、安阳殷墟的考古发掘中，发现了3000

在殷商都城遗址上根据柱础和
史料复原的商代宫殿

年前殷商宫殿建造基址、商王陵墓，这可以断定至少在商代就已经出现了以梁柱或木结构为骨架的高台基、封闭式廊院的建筑组群和布局，其房屋面积宽大，住宅排列整齐，方位准确。西周出现了大屋顶住室，有了瓦房，如《春秋》记载，隐公八年，"盟于瓦屋"。当时，出现了房基升为高台的现象，《孟子·尽心》中有"堂高数仞，榱（cuī）题数尺，我得志，弗为

中国古典文化寻访

也①"的说法，这证明了当时的房院发展已相当进步了。在凤雏村发现的西周早期宫庙遗址，呈现出建筑群以门、前堂、后室为中轴，左右对称、前后二进、布局严谨的院落式建筑特点。至此，木结构已成为房屋建筑的基本形式。

第三阶段：封建社会时期。

经过夏、商、西周三代的发展，秦汉时期已经出现成熟的砖瓦、夯土技术，建筑体系基本形成，中国古代建筑文化进入成型阶段。"宫""殿"集中体现了当时的建筑成就。宫，至少在秦代以前，是一般居住房屋的通称，如《尔雅·释宫》曰："宫谓之室，室谓之宫。"秦以后，宫逐渐变为皇家建筑的专用名称，又与公务殿堂一起统称宫殿。从文化角度讲，宫带有私密意味，具有阴柔的内在功能；殿则更多地带有公开性，具有阳刚的张扬性。因此，中国的宫殿建筑一般呈现"前殿后宫"的格局。秦汉时期，帝王开始大兴土木，开历代营造皇家宫殿之先河。据《史记·秦始皇本纪》记载："始皇……乃营作朝宫渭南上林苑中。先作前殿阿房，东西五百步，南北五十丈，上可以坐万人，下可以建五丈旗。"《三辅黄图》记载汉代未央宫有天禄阁、麒麟阁，高可越城，长可跨池。秦汉时期的宫室园囿规模庞大，装饰华丽，并具有明显的屋顶、屋身、屋基"三段式"构建的纵向特征。

隋唐时期的建筑更趋进步，在施工技术和建设管理方面愈加严密，建筑思想开放主动，追求比较舒适的生活环境，而且使居室的坚固程度有了极大提高。隋唐建筑文化的突出表现是斗拱与木架构技术成熟，砖石建筑和拱券结构有了很大发展，城市规划理念亦基本形成定式。宋代的建筑风格虽然缺少了唐代的雄伟阳刚，但显示出了独特的阴柔之美。在北宋时期，出现了我国第一部关于建筑设计及技术经验的巨著《营造法式》。明清时期，在单体

---

① [堂高数仞，榱题数尺，我得志，弗为也] 出自《孟子·尽心》。榱题：屋檐下的椽子头，这里借指屋檐。意思是殿堂几丈高，屋檐几尺宽，我要得志了，就不这么干。

建筑的技术和造型上没有创新，但突出了梁、柱、檩的直接结合，减少了斗拱；在建筑群体组合的空间氛围营造上，也有更显著的成就，尤其是园林建筑，成为中国建筑中最辉煌的代表。

三 流光溢彩

具有华夏民族特色的中国古典建筑，是中华文明的重要组成部分，在世界三大建筑体系①中独树一帜。中国独特的古典建筑文化体系的形成，既有我国自然资源和地理环境的客观因素，也有华夏民族历史文化、等级制度产生的"礼义仁爱"的道德约束的因素；既反映了社会发展规律的必然趋势，也呈现出生命意识的理想追求。如果将建筑看成空间"立体的音乐"、时间"凝固的诗篇"和历史"凝固的文明"，那我们就会在中国古典建筑文化中找到自己民族的精神渊源和文化图腾。

说到中国古典建筑，大家最先想到的大概就是北京故宫了，即使没有亲临其地，我们也从《康熙大帝》《还珠格格》等古装影视剧中领略过其风采。故宫，旧称紫禁城，是明、清两代的皇宫。它是我国现存最大、最完整的古建筑群，也是目前世界上最大的木结构古建筑群。可以说故宫是我国古典建筑的代表，集中体现了我国古代建筑艺术的独特风格。

在初中的《语文》中有一篇课文——《故宫博物院》，其中对故宫作了较为细致的介绍：

紫禁城的城墙10米多高，有四座城门：南面午门，北面神武门，东西面东华门、西华门。宫城呈长方形，占地72万平方米，有大小宫殿70多座，房屋9000多间。城墙外是50多米宽的护城河。城墙的四角上，各有一座玲珑奇巧的角楼。故宫建筑群规模宏大壮丽，建筑精美，布局统一，集中体现了我国古代建筑艺术的独特风格。

---

① ［世界三大建筑体系］指中国建筑、西方建筑、伊斯兰建筑。

从天安门往里走，沿着一条笔直的大道穿过端门，就到了午门的前面。午门俗称五凤楼，是紫禁城的正门。走进午门，是一个宽广的庭院，弯弯的金水河像一条玉带横贯东西，河上是五座精美的汉白玉石桥。桥的北面是太和门，一对威武的铜狮守卫在门的两侧。

进了太和门，就到了紫禁城的中心——三大殿：太和殿，中和殿，保和殿。三座大殿矗立在7米多高的汉白玉台基上。台基有三层，每层的边缘都用汉白玉栏杆围绕着，上面刻着龙凤流云，四角和望柱下面伸出1000多个圆雕鳌头，嘴里都有一个小圆洞，是台基的排水管道。

太和殿俗称金銮殿，高28米，面积2380多平方米，是故宫最大的殿堂。在湛蓝的天空下，那金黄色的琉璃瓦重檐屋顶，显得格外辉煌。殿檐斗拱，额枋，梁柱，装饰着青蓝点金和贴金彩画。正面是12根红色大圆柱，金琐窗，朱漆门，同台基相互衬映，色彩鲜明，雄伟壮丽。

…… ……

从上面的描绘中，我们不仅可以感受故宫建筑的美轮美奂，也可以看到我国古典建筑的主要文化特征。

（一）体现在布局上的群组形制

中国儒学讲究君权至上，皇帝是受命于天的万民之王，以皇宫为中心形成的都城布局便显示出君权的至高无上。建筑的中轴布局、结构匀称、中心安置、四合拱卫、等级分明、层次清晰等，表达了意义深远和清明中正的仁义道德秩序。每一处住宅、宫殿、官衙、寺庙等建筑，都是由若干单座建筑和一些围廊、围墙之类环绕成的一个个庭院；庭院都是以中心建构、中轴布局、前后院连贯、两厢房配合为基本原则。其尊卑、长幼、妻妾、嫡庶的层次安排，在居住方面显示出身份与地位的差别。纵向结构以北屋为上房，东西为厢房，家主夫妇居上房，其余人依次按辈分长幼住厢房。横向结构以左间为上房，由长辈居住。坐南向北的房屋一般不做居室，至多也只是做下人的住处。另外，家中的主要人物或者应与外界保持距离的人物（如大家闺秀），往往生活在离外门较远的庭院里，这就形成了一院套一院、层层深入的空间布局。宋朝欧阳修的《蝶恋花》词中有"庭院深深深几许"的词句，古人以"侯门深似海"形容高官显贵的住处，都形象地说明了中国建筑在布局上的重要特征。

中国古典建筑文化还强调，所有建筑绝对不能以任何形式、形制挑战皇宫建筑的皇权威严。所有建筑形制都有一定的规格程式，形成建筑规制的"文化传统"。如北京四合院规格为：民居均为正房三间，黑漆大门；正房五间是贵族府邸；正房七间则是王府；"九五"之数一定是皇帝专用。此外，对"门"也格外讲究，按清代礼制：皇宫宫门的门钉是纵九横九共八十一颗，寓意"九九"阳数之极和"九重"天子之居；亲王府邸正门门钉是纵九横七共六十三颗；侯爵以下官邸的门钉是纵五横五共二十五颗。

（二）体现在材料上的木架构体系

中国传统文化从根上讲属于阴性文化本位，反映在建筑上，以随手可取的森林资源形成木质架构建筑，使中国古典建筑从初始就形成以"木"为基础的建筑形式。有人把"木"比喻成中国建材的"大当家"，大兴土木、无石成楼，这是中国古典建筑与西方的显著不同之处。木结构的梁架组合形式所形成的巨大屋顶，与坡顶、屋脊和翘起的飞檐的柔美曲线，使屋顶成为中国建筑最突出的形式特色。室内空间处理灵活多变，以板壁、帐幔、屏风、博古架间隔出大小不一、富有变化的空间，产生迂回、含蓄的空间意象。

中国古典群体建筑的布局形式不同于欧洲封建社会的城堡，主要在垂直方向追求变化。这是因为一方面受风水学说的影响，居室住宅要"上接天气，下连地气"；另一方面是受木架构的限制，在结构跨度上不适合朝大空间发展，因此不具备产生刚性、彰显观念的基础，倒造就了柔性幽深文化的空间。木架构体系的"木构性"、"怀柔性"的特点，不仅奠定了中国古典建筑的基础文化指向，更奠定了中国古典建筑在世界建筑艺术中独具魅力的"文明气质内核"。

（三）体现在环境经营上的整体统一

中国古典建筑是一门独立的艺术，凝结着中国传统文化的基本精神，特别强调将环境经营与建筑布局的整体统一放在首位，渗透着浓郁的东方审美情趣。我国古代建筑思想包含着接近世俗、重视生活情趣的艺术思维，这就促使人们无论是在城市选址时，还是在规划依傍名山大川的建筑的形式、布局时，都首先着眼于环境效果；帝王陵区更是看重神圣气势，靠环境来烘托其建筑的艺术魅力和皇权的赫赫威严。这种整体艺术安排，通过建筑群体的平面展开，在琼楼玉宇、雕梁画栋之间，展现生活的安适和对环境的主宰；通过建筑与自然环境互相借景，进一步使建筑美与自然美结合起来，达到人与自然的和谐；通过群体优势，以一定的组合艺术，融单体造型于群体序列构成中，呈现群体结构中的在严格对称中求变化、在多种变化中又保持风格统一的特点。因此，中国古建筑的单个造型与西方的相比，显得低矮、平淡，但是由一个个单体建筑组成的建筑群体，却显得布局严谨、逶迤交错、巍峨挺拔、气势恢弘。

中国古典建筑布局中一般没有前花园，而是呈现前堂后院的建筑形制。这种前后有别的纵深建筑艺术，既遵循了门第森严的文化思维，又追求建筑造型多样有趣的品位，和谐地组成建筑整体美，总体上内外有别，局部上刚柔相济。如大门的厚重敦实和窗棂的轻盈通透；院落建筑中外院门墙的严密性和内院门墙的空透性；窗户既有与西方类似的圆头形、尖头形，还有诸如椭圆形、花朵形、花瓶形、扇形、心形、菱形、六角形、八角形等，窗棂样式也十分丰富，有井字系、十字系、菱形系、花形系等，各种形式刚直曲柔，相辅相成。

应当说，一部建筑文化史不仅是一部人类社会发展史，还是一部民族生衍发展史，更是一部人类本身精神文明的发展史。中国古典建筑及建筑文化是人类历史文明进程实在而具体的脚步，是炎黄子孙安居乐业、治国兴邦思维的具体体现。中国古典建筑文化是"可观、可游、可思、可乐、可借、可居的历史真实"，是一出永远不会谢幕的"固体历史艺术"的史诗巨剧。

中国古典文化寻访

四　经典荟萃

（一）万里长城——巨龙腾跃，举世无双

"万里长城永不倒"，"不到长城非好汉"，只要提起长城，每个中国人的心中都会涌起一股由衷的自豪，长城成了我们中华民族的精神象征。下面让我们登上长城，去感受那跨越千古的雄伟、壮观。

长城秋色图

万里长城是中国也是世界上修建时间最长、工程量最大的一项古代防御工程。据史料记载，长城修筑的历史可上溯到公元前 9 世纪的西周时期。到了公元前七八世纪，各诸侯国为了防御邻国的侵扰，在各自的领土上先后筑起一段段防卫墙。公元前 221 年，秦国统一天下，把原来分段修筑的长城连接起来，构成一道西起临洮、东至辽东，绵延万余里的防御体系——万里长城。自秦以后，统治着中原地区的历代王朝都不断对长城进行维修扩建，至明代，终于建成了构筑技术最先进、防御体系最完善的明长城。

明长城东起辽宁省的虎山，西至甘肃省的嘉峪关，横贯中国北部的辽宁、河北、天津、北京、山西、内蒙古、陕西、宁夏、甘肃、青海共 10 个省、自治区、直辖市的 156 个县城，总长度为 8851.8 公里。其中人工墙体长 6259.6 公里，壕堑长 359.7 公里，天然屏障长 2232.5 公里（据国家文物局、测绘局 2009 年 4 月 18 日发布）。关城是长城防线上最为集中的防御据点，著名的如山海关、黄崖关、居庸关、平型关、雁门关、嘉峪关等，在这些地方以极少的兵力便可抵御强大的入侵者。古语有云"一夫当关，万夫莫开"，就生动地说明了关城的重要性。其中最著名的要数山海关了，号称"天下第一关"。山海关东城门上悬挂的"天下第一关"横匾，长一丈八尺、高五尺，由明代文人萧显所书。传说萧显在写这块匾之前，用了相当长的时

间，手持一根扁担在院中练武；接下来又用一段时间吟些"长风破浪会有时，直挂云帆济沧海""天姥连天向天横，势拔五岳掩赤城"之类的诗句。后来作书之时，萧显手持齐人高的巨型湖笔，凝神定气，一气呵成。就在人们啧啧称道之时，忽然有人说："'下'字少了一点。"众人一看，果然如此。萧显微微一笑，不慌不忙地扯过一把素绢，浸饱了浓墨，猛地朝巨匾掷去。墨迹不偏不倚，正好补上"下"字的一点。再看那一点，周围墨渍四溅，气韵充沛，竟成神来之笔。有人问萧显："题字之前，先生为何要练武吟诗？"萧显淡淡一笑，道："练武是为了增加臂力，吟诗是要在胸间酝酿浩然之气。"众人听了，连连称妙。

在现存的明长城中，八达岭长城是保存最完好的一段。它的关城是一个不规则的四方形，东西两边各有关门一座，东门题写"居庸关镇"，西门题写"北门锁钥"。八达岭长城是内边长城最为坚固完备的一段，修建在高山深谷中，巨型的花岗石砌成的墙体高大而坚实。从南口进入关沟后，就是著名的"居庸叠翠"，两侧层峦叠嶂，苍松翠柏，山花烂漫。明成祖朱棣设"燕京八景"，把它列于首位。在居庸关南六七里处，还有乾隆题的"居庸叠翠"碑。

长城凝聚着中华民族的血汗和智慧，象征着中华民族的血脉相承和民族精神，既是具有丰富文化内涵的文化遗产，又是独具特色的自然景观，有着极高的旅游观光价值和历史文化意义。雄伟的万里长城与埃及的金字塔、意大利的古罗马斗兽场和比萨斜塔等同被誉为世界奇迹。它是人类文明史上的一座丰碑，被列入《世界遗产名录》当之无愧。

（二）北京故宫——巍峨宫殿，帝王之家

你知道故宫为何叫紫禁城吗？你知道故宫中有多少间房屋吗？下面让我们叩开封建社会中最为神圣的地方——紫禁城的大门，去领略帝王之家的气势与风范。

故宫位于北京市中心，是世界上最大的皇宫，中国明、清两朝共24个皇帝在此居住，历时570多年。故宫始建于明永乐四年（公元1406年），以明朝在南京的宫殿为蓝本，基本建成于明永乐十八年（公元1420年），后经明清历代皇帝的不断整修和扩建，成为一个宏伟壮观的建筑群，共占地72万多平方米，内有宫室9999间半。为何是9999间半呢？相传，当初修建紫禁城的时候，明朝永乐皇帝打算把宫殿的总间数定为一万间。可是就在他传下圣旨后的第五天晚上，他做了一个梦，梦见自己被玉皇大帝召到了天宫的凌霄殿上。只见玉皇大帝满脸怒气，永乐皇帝一问才知道，是因为自己要建的这紫禁城的宫室间数和天宫的相等。于是他说："请玉帝息怒，我这凡间的宫殿间数哪能超过您这天宫的呀！"于是故宫就建造了9999间半房屋。

故宫是中国封建王权的象征，这一点在它的建筑形制上得到了充分体现。其建筑格局讲究均衡对称，建筑规模庞大，防卫系统森严，建筑外形宏伟庄重，内部装饰富丽堂皇，无处不体现出威严的皇家气质。故宫的布局以南北中轴线上的建筑为主，东西两侧建筑呈对称分布，所有的建筑从规模到屋顶样式，一律保持严格的等级差别。

故宫太和殿

三大殿太和殿、中和殿和保和殿是宫城中的主体建筑，修建在8米高的三层汉白玉石阶上，庄严、宏伟。太和殿坐落在紫禁城对角线的中心，俗称金銮殿。太和殿在全国古代的木结构建筑中规模是最大的，面积2377平方米，面阔11间、进深5间，外有廊柱一列，全殿内外总共立有大柱84根。殿高约35米、宽约63米，殿内有金漆雕龙宝座、沥粉金漆柱，穹顶用蟠龙藻井图案。这里是封建皇帝向全国发号施令、举行庆典的地方。

在西六宫的南面是养心殿，自雍正皇帝起，这里成为皇帝理政和寝居之所。养心殿最西面的一间名为"三希堂"，因乾隆皇帝曾将王羲之的《快雪时晴帖》、王献之的《中秋帖》和王珣的《伯远帖》三件稀世珍品藏在这里而得名。

　　故宫是中国建筑史上的一颗明珠，素有"宫殿之海"之称。它的雄伟、堂皇、庄严、和谐，可以说是举世罕见的。它的每一块砖瓦、每一座殿宇，都渗透着劳动人民的智慧与血汗。1987年12月，故宫被联合国教科文组织列入《世界遗产名录》。

　　（三）苏州园林——山水之怡，林泉之趣

　　人们常说"上有天堂，下有苏杭"。如果说杭州之美的精华在于西湖，那么苏州之美的精华则在于园林。下面让我们走进那"虽由人造，宛自天开"的园林世界，去欣赏"画中乾坤，图中人生"的妙处。

　　苏州是我国著名的历史文化名城，素来以山水秀丽、园林典雅而闻名天下，世间对其更有"江南园林甲天下，苏州园林甲江南"的称赞。据地方志记载，苏州城内大小园林将近200处，为全国之冠。现存的苏州园林大部分是明清时期的建筑。

　　苏州园林的特色之一是宅院合一，可赏、可游、可居。这种建筑形态的形成，是在人口密集和缺乏自然风光的城市中，人类依恋自然，追求与自然和谐相处，美化和完善自身居住环境的一种创造。苏州园林的"曲"也是一个典型特色，主要有建筑构成的曲径、山水构成的曲径和花木构成的曲径三类。曲廊在园林中是必不可少

苏州沧浪亭

的，是遮风避雨的园路。拙政园中短短的一段曲廊，竟有七个不同的走向，犹如北斗七折，又毫无矫揉造作之感。苏州古典园林不仅是历史文化的产物，也是中国传统思想文化的载体，蕴含了大量的历史、文化、思想和科学信息，同时又反映了中国古代江南民间起居休憩的生活方式和礼仪习俗。其中，拙政园、沧浪亭、狮子林、留园并称为苏州宋、元、明、清四大园林。

　　沧浪亭是苏州四大名园之一。北宋庆历五年（公元1045年），著名诗人

中国古典文化寻访

苏舜钦蒙冤遭贬，流寓苏州。他见五代时孙承佑的废园"草树郁然，崇埠广水"，便以四万钱购得，修建了沧浪亭。苏舜钦遭贬后自号沧浪翁，吟唱着"沧浪之水清兮，可以濯我缨；沧浪之水浊兮，可以濯我足"的渔父歌，在城市中过起了隐逸山水、逍遥自乐的生活。

沧浪亭是一座风格独特的园林。未入园门，先见园景，一湾清流将园紧紧环抱。园内古木参天，亭台秀丽，一条复廊将园内之山和园外之水连为一体。跨桥入园，只见山石横卧，将满园景色深深遮掩。循廊西行，有藕花小榭、锄月轩等；南折，曲廊中置御碑，上刻康熙帝南巡时题写的诗联。南有清香馆、五百名贤祠。祠南为翠玲珑，祠东为明道堂。西南楼阁下叠石为洞，名印心石屋；石屋上有高阁两层，名看山楼。明道堂后的假山上，沧浪古亭坐落山巅，四周老树参天，怪石嶙峋。古亭石枋上"沧浪亭"三字为晚清著名文学家、教育家、书法家和国学大师俞樾所书，石柱上有石刻对联：清风明月本无价，近水远山皆有情。上联选自欧阳修的《沧浪亭》诗中"清风明月本无价，可惜只卖四万钱"句，下联出于苏舜钦《过苏州》诗中"绿杨白鹭俱自得，近水远山皆有情"句。过亭向北，沿长廊而行，透过廊壁上的漏窗，可略窥园外风光。这些漏窗样式无一雷同，被称做沧浪亭一绝。廊东北尽头有临水而筑的观鱼处，屏风板上有现代学者蒋吟秋所书的苏舜钦的《沧浪亭记》。沿廊西行为面水轩，轩前竖有清康熙年间江苏巡抚宋荦所撰的《重修沧浪亭记》碑。

五百名贤祠实际上是苏州的官祠。堂内三面墙上嵌有125方碑石，有594幅历史人物线刻头像，为清代石刻家顾湘舟所刻。这些人物均为自春秋至清代约2500年间与苏州历史有关的名上贤达，其中有建造苏州城的伍子胥，孔子门生言偃，唐代大诗人李白、白居易，北宋政治家范仲淹、文学家欧阳修和苏轼，南宋抗金名将韩世忠、民族英雄文天祥，明代爱国学者顾炎武、苏州才子唐伯虎以及清代民族英雄林则徐等著名人物。他们或为官清廉、勤政爱民，或刻苦治学、文章传世……总之，都是当时社会中既严守道德规范又在某一领域取得杰出成就的所谓"德才兼备"的先贤名士。五百名

贤祠虽建在沧浪亭园内，但其所表现的主题好像完全不同于苏舜钦当年咏怀"沧浪之水"的隐逸思想，而是表现出士大夫文人积极入仕的为官之道。这种积极入仕的主题表面上看起来，似乎与"沧浪之水"的庭园主题相悖；但实际上，中国文人历来讲究"达则济世，穷则善身"的人生理念，"善身"的目的还是"济世"，因此，中国文人的隐居与出仕是统一的。

苏州园林作为明清时期（14～20世纪初）江南民间建筑的代表作品，反映了这一时期中国江南地区高度的居住文明。苏州园林曾影响到整个江南城市的建筑格调，带动民间建筑的设计、构思、布局、审美以及施工技术向其靠拢，体现了当时城市建设的科学技术水平和艺术成就，在美化居住环境，融建筑美、自然美、人文美为一体等方面达到了历史的高度，在中国乃至世界园林艺术发展史上占据着不可替代的地位。

（四）泰山岱庙——封禅之地，祭天神庙

"岱宗夫如何，齐鲁青未了。荡胸生层云，决眦入归鸟。"我们都知道，作为"五岳"之尊的泰山，不仅有"造化钟神秀"的自然风光，更是历代帝王封禅祭天的神圣之地，位于泰山脚下的岱庙就是古时祭天的神庙。下面让我们一起步入岱庙，去感受那厚重的历史文化。

岱庙，旧称"东岳庙"，又叫泰庙、泰山宫，位于泰安市城区北部，恰在南起旧泰安城南门、北到岱顶南天门的泰安市中轴线上。岱庙是历代帝王到泰山封禅告祭时居住和举行大典的地方，创建于汉代，至唐时已殿阁辉煌。相传上古时期就有72位君王曾封禅泰山。自秦至清，史籍上确切记载的到泰山封禅祭祀的皇帝共有12个。秦始皇是第一个到泰山封禅的封建帝王。据《史记·封禅书》记载，公元前219年，刚刚当了三年皇帝的秦始皇嬴政，迫不及待地开始了东封泰山的活动。他带着文武大臣上泰山，按照自己设想的仪式去封禅。他从泰山之阳登上了山顶，刻石记述自己的赫赫功业，采用秦国在雍祭祀天帝的形式完成了"封礼"。然后下山，"禅于梁父"，完成了"禅礼"。今泰山五松亭旁的"五大夫松"，传说就是秦始皇登泰山时的避雨处。因这棵松树替秦始皇遮风挡雨，护驾有功，被秦始皇封为

"五大夫"（五大夫，秦官第九爵）。

天贶（kuàng）殿是岱庙的主体建筑，建造于北宋大中祥符二年（公元1009年）。该殿建于长方形石台之上，三面雕栏围护，重檐歇山，彩绘斗拱，画瓦盖顶，下有八根大红明柱，规模宏大，富丽堂皇，与北京故宫以及曲阜大成殿合称为"中国三大殿"。殿内所祀奉的山神，面容肃穆，俨然帝君。龛上

泰山岱庙

悬清康熙皇帝题"配天作镇"匾，门内上悬乾隆皇帝题"大德曰生"匾。殿内东、西、北墙壁上绘有巨幅壁画，名《启跸（bì）回銮图》，长62米，高3.3米，描绘了东岳泰山之神出巡时浩浩荡荡的场面，共有人物630余名，是泰山人文景观之一绝。殿外陈列历代碑刻和汉画像，均为绝世精品。保存在殿中的秦二世诏书石刻，是以公元前209年李斯的篆书镌刻而成的，是目前中国保存的最为古老的文字石刻之一。岱庙碑林成为我国继西安碑林、曲阜孔庙碑林之后的第三座碑林。

庄严、雄伟的岱庙，殿宇辉煌，文物荟萃。这里的每一处建筑都体现着中国古典建筑艺术的风采，每一件文物都反映了泰山的文明发展。漫步在这艺术的世界里，抬眼望到的、举手触到的都是民族的瑰宝，无不使观者动容，令游人感慨。巍巍岱庙，是一座融建筑、园林、雕刻、绘画和祖国文化传统于一体的古代艺术博物馆，与北京故宫、承德避暑山庄、曲阜孔庙并列为我国古代四大建筑群。

（五）乔家大院——精雕细琢，民居经典

如果你看过电视连续剧《乔家大院》，就一定还记得影视剧中那规模宏大、院落相连、斗拱飞檐、鳞次栉比的建筑群。下面让我们一起走进影视剧的拍摄地——乔家大院，去赏析中国北方民居文化的精粹。

乔家大院地处美丽而富饶的山西晋中盆地，位于祁县城东北12公里处

的乔家堡村，距离省会太原50公里。乔家大院始建于清代乾隆年间，后经增修和扩建，于民国初年建成一座宏伟的建筑群体，集中体现了我国清代北方民居独特的建筑风格。著名建筑专家郑孝燮说："北京有故宫，西安有兵马俑，祁县有民宅千处。"祁县的民居，集宋、元、明、清之法式，汇江南河北之大成，其中最为出名的就是乔家大院。

山西乔家大院

乔家大院原是晋商乔致庸的宅院，本名"在中堂"。乔致庸是一个传奇人物，他幼年读书很用功，中秀才后，曾雄心勃勃要走仕途。但因长兄夭亡、父亲去世，他成了乔氏家族的顶梁柱。于是他走上了弃儒从商之路。乔致庸既有雄才大略，又多谋善断，是位商场高手。乔家在包头开办复盛公商号，后发展为庞大的复字号商业网络，基本上垄断了包头的商业市场，故包头有"先有复字号，后有包头城"之说。清光绪十年（公元1884年），乔致庸适应时代发展要求，创立了汇通天下的大德通、大德恒票号。在乔致庸的经营下，乔氏商铺遍及全国各大商埠及水陆码头，业务繁荣，财多势旺，成为晋商中的杰出代表。

乔家大院占地8724平方米，分6个院，内套20个小院，共313间房屋。从高处俯瞰，大院整体为双喜字形布局，城堡式建筑，既安全牢固，又威严气派。背面有三个大院，都是庑廊出檐大门、暗棂暗柱，从东往西数，依次为老院、西北院、书房院。所有院落都是正偏结构，正院主人居住，偏院则是客房、佣人住室及灶房。偏院较为低矮。屋顶结构也大不相同，正院为瓦房出檐，偏院则为方砖铺顶的平房，既体现了伦理上的尊卑有序，又显示出建筑上的层次感。

乔家大院闻名于世，不仅因为它有作为建筑群的宏伟壮观的房屋，更主要的是因它在一砖一瓦、一木一石上都体现了精湛的建筑技艺。南北六个大院内，砖雕、木刻、彩绘到处可见，形成了一座有建筑必有图、有图必有意、有意必吉祥的建筑艺术宝库。如一院大门上雕有四个狮子，即四狮（时）吐云（图运）；另一院大门对面有一大型砖雕土地祠，雕有松树、桐树和立于太湖石山上的九鹿，喻示九路通顺……每一个雕刻都隐含着民间故事，或具有吉祥喜庆的寓义。

乔家大院既是建筑艺术的宝库，也是民俗学的殿堂。1986年，祁县将乔家大院辟为祁县民俗博物馆，设立了42个展室，共有2000余件展品，比较系统地反映了明清时期山西晋中一带的民间风俗。乔家大院显示了我国劳动人民高超的建筑工艺，具有很高的建筑美学和居住民俗研究价值，被誉为"清代北方民居建筑的一颗明珠"。

（六）三大名楼——飞檐画栋，文化胜地

"晴川历历汉阳树，芳草萋萋鹦鹉洲""气蒸云梦泽，波撼岳阳城""落霞与孤鹜齐飞，秋水共长天一色"，你知道上面的诗句分别与哪座建筑有关吗？下面让我们一起走进历代文人的精神家园——黄鹤楼、岳阳楼、滕王阁。

黄鹤楼、岳阳楼与滕王阁是江南地区最为著名的三座楼阁式建筑，自古以来就有"江南三大名楼"之称。

黄鹤楼位于湖北省武汉市长江南岸的蛇山之巅，是一座千古名楼。它以历史悠久、楼姿雄伟居三楼之首，自古享有"天下绝景"和"天下江山第一楼"的盛誉。黄鹤楼始建于三国鼎立时期的吴黄武二年（公元223年），距今已有1700余年的历史，传说是为了军事目的而建，孙权为实现"以武治国而昌"，筑城为守，建楼为瞭望。

黄鹤楼得名于一个传说：有一个道士到某酒家喝酒，因为老板不收他的钱，所以他临走时便在墙上画了一只会飞下来跳舞的黄鹤。酒家从此生意兴隆。十年后，这个道士又一次来到酒家，骑上鹤飞走了。后来酒家老板在道士骑鹤飞走的地方建了一座楼，称之为"黄鹤楼"。到了唐朝时期，黄鹤楼原有的军事性质逐渐减弱，变为著名的名胜景点。历代文人墨客到此游览，留下不少脍炙人口的诗篇。其中唐代诗人崔颢题的"昔人已乘黄鹤去，此地

空余黄鹤楼。黄鹤一去不复返，白云千载空悠悠。晴川历历汉阳树，芳草萋萋鹦鹉洲。日暮乡关何处是，烟波江上使人愁"更成为千古绝唱，使黄鹤楼名声大噪。由于兵火频繁，历史上黄鹤楼屡建屡毁，最后一次建于清同治七年（公元 1868 年），毁于清光绪十年（公元 1884 年）。现在的黄鹤楼则是1981 年重建的。

黄鹤楼内部的风格，每层均不相同。底层为高大宽敞的大厅，正中藻井高达 10 多米，正面壁上为一幅巨大的"白云黄鹤"陶瓷壁画，两旁立柱上悬挂着长达 7 米的对联：爽气西来，云雾扫开天地恨；大江东去，波涛洗净古今愁。二楼大厅正面墙上，有用大理石镌刻的唐代阎伯瑾撰写的《黄鹤楼记》，记述了黄鹤楼的兴废沿革和名人轶事。《黄鹤楼记》两侧为两幅壁画，一幅是"孙权筑城"，形象地展示了黄鹤楼和武昌城相继诞生的历史；另一幅是"周瑜设宴"，反映了三国名人在黄鹤楼

武汉黄鹤楼

的活动。三楼大厅的壁画为唐宋名人的"绣像画"，如崔颢、李白、白居易等，也摘录了他们吟咏黄鹤楼的名句。四楼大厅用屏风分割成几个小厅，内置当代名人字画。顶层大厅有《长江万里图》等长卷、壁画。黄鹤楼是古典与现代融汇、诗情与画意一体的精品。登黄鹤楼，能使心灵与宇宙意象互渗互融，从而使心灵得到净化。

岳阳楼位于湖南省古城岳阳。它背倚岳阳城，俯瞰洞庭湖，遥对君山岛，北依长江，南通湘江，素有"洞庭天下水，岳阳天下楼"的盛誉。岳阳楼历史悠久，最早是三国时期（公元 215 年）东吴将领鲁肃为了对抗驻守荆州的蜀国大将关羽所修建的阅兵台，当时称为阅军楼。据记载，在江南三大名楼中，岳阳楼是修建年代最早的楼阁。唐朝以前，岳阳楼主要用于军事。自唐朝始，其逐渐成为游客和风流韵士游览观光、吟诗作赋的胜地。北宋庆历四年（公元 1044 年），

大臣滕子京请当时的名臣、大文学家范仲淹写下了一篇脍炙人口的《岳阳楼记》，其中的"先天下之忧而忧，后天下之乐而乐"被广为传诵，亘古不衰。岳阳楼也随之声名远播。

湖南岳阳楼

名冠天下的岳阳楼构制独特，风格奇异。楼三层，飞檐、盔顶、纯木结构。全楼高达 25.35 米，中间以 4 根大楠木撑起，再以 12 根柱做内围，周围绕以 30 根木柱结为整体，整个建筑没用一根铁钉，没用一道巨梁。12 个飞檐，檐牙高啄（似鸟嘴在高空啄食）。屋顶为黄色琉璃瓦，金碧辉煌。三楼的楼顶貌似古代将军的头盔，别具一番风趣，充分显示了我国古代建筑艺术的独特风格和辉煌成就。

滕王阁位于江西南昌，依城临江，为唐高祖李渊之子李元婴任洪州都督时修建。据史书记载，唐永徽三年（公元 652 年），李元婴由苏州刺史调任洪州都督时，从苏州带来一班歌舞乐伎，终日在都督府里盛宴歌舞。后来又临江建此楼阁为别居，实乃歌舞之地。因李元婴在唐贞观年间曾被封为滕王，故阁被以"滕王"冠之。滕王阁之所以能名贯古今、誉满天下，很大程度上归功于一篇脍炙人口的骈文《滕王阁序》。传说当时诗人王勃探亲路过南昌，正赶上阎都督重修滕王阁后，在阁上大宴宾客。王勃赴宴，当场写下《滕王阁序》，其中"落霞与孤鹜齐飞，秋水共长天一色"成为千古佳句。王勃作序后，唐代王绪写《滕王阁赋》，王仲舒写《滕王阁记》，被史书传为"三王记滕阁"佳话。从

南昌滕王阁

此，序以阁闻名，阁以序著称。文学家韩愈也撰文述"江南多临观之美，而滕王阁独为第一，有瑰丽绝特之称"，故滕王阁有"江西第一楼"之美誉。

滕王阁原阁建筑规模很大，阁高九丈，共三层。滕王阁饱经沧桑，历史上屡毁屡建达28次之多，世所罕见。现在的楼阁建于1985年，为仿宋风格，临江而立。下部是象征古城墙的约11米高的大台座，台座之上取"明三暗七"格式，其两翼为对称的一级高台，高台上部为游廊，游廊南端为"压江亭"，北端为"挹翠亭"。主体建筑丹柱碧瓦，画栋飞檐，斗拱层叠，门窗剔透，其立面似一个倚天耸立的"山"字，而平面则如一只展翅欲飞的鲲鹏。

滕王阁历来是文人雅士吟诗作赋、歌舞宴筵的场所，因而，新建的滕王阁里的陈设无不突出其文化楼阁的特征。进入阁内，仿佛置身于一座以滕王阁为主题的艺术殿堂。滕王阁处处体现和展示着中华民族悠久灿烂的文化精粹，是一座名副其实的高雅的文化殿堂。

五　含英咀华

有人说建筑是凝固的诗，其实，建筑比诗更华美、更厚重、更深邃。当你在中国古代建筑中徜徉，当你在精美的楼台亭榭、殿阁轩堂中流连时，也在与古人进行着无言的心灵交流。它不动声色地告诉你：几千年来，帝王贵族是如何展示自己的无上权威，富商大贾是如何追求自己的奢侈豪华，布衣隐士又是怎样营造自己的精神家园，平民百姓又是怎样垒筑自己的斗室蜗居……中国有五千年的文明史，自古以来就是统一的多民族国家。不同的民族文化，使中国建筑异彩纷呈：藏族建筑粗犷豪放，侗族建筑古拙质朴，傣族建筑玲珑纤巧……即使同为汉族建筑，东西南北也各具风格：北京四合院四四方方，温文尔雅；山西的晋商大院院落相连，敦厚拘谨；江南民居粉墙黛瓦，清新秀丽……多元一体的文化造就了和而不同的建筑，如繁星点点，共同组成了中国建筑的灿烂银河，使中国建筑闪耀在世界建筑灿烂的天空。

面对这一首首凝固的诗章，我们应该如何来赏析呢？让我们进入中华民族古典建筑的殿堂，在观赏风格各异、精妙绝伦的景观的同时，品味中国古典建筑的深刻厚重的文化内涵。

首先，通过对古典建筑文化的学习，我们要了解中国古典建筑的历史渊源及演变过程，把握中国古典建筑的文化特征。每一座古典建筑都是一件客观存在的历史实物，都在诉说着一段历史剧情。我们可以通过上网查阅和搜集相关文字资料，了解相关古典建筑的历史渊源和变迁情况，从而从现存的古典建筑中透视历史，思接千载。

其次，通过对古典建筑文化的学习，我们要熟悉中国著名的古典建筑，并学会从多个角度来审视古典建筑的文化内涵。在中国广袤的大地上，有壮观雄伟的万里长城，有巍峨壮丽的六朝古都，有独步千古的都江堰，有富丽堂皇的紫禁城，有秀丽婉约的江南园林……对于这些各具风格的古典建筑，我们可以借旅游之机，实地考察，拍摄图片，了解相关古典建筑的结构特点和建筑风格，并探究其风格形成的原因。

再次，通过对古典建筑文化的学习，我们要自觉培养从传统文化中汲取营养的能力，提升自身的人文素养和艺术审美情趣。中国古典建筑不仅是技术与艺术的结合，还渗透着由历史深度形成的人文情怀。每一座建筑不仅反映出其所在时代的科学与技术发展的水平，还折射出所在朝代的精神面貌和审美情趣，具体地体现了当时的生活方式和价值观。我们可以结合古典建筑的历史变迁，搜集有关古典建筑的诗词文章及研究材料，进而与古人进行精神沟通，品味历史的沧桑与文化的精深。古代帝都与殿堂的恢弘精致凸显了皇权的显赫与伦理的森严；陵墓与坛庙的庄严肃穆昭示着古人对"慎终追远"的重视；叠峰曲水的山庄园林融山、水、石、树于一体，流露出中国文化对适宜自然与诗意自然的追求。中国古典建筑不张扬个性，而以建筑群体的和谐为至境，是中国文化追求秩序、和谐的物化体现。

在学习中，大家可采用研究性学习的方式，从古典建筑史话和传说、古典建筑作用和风格、古典建筑诗文佳作、古典建筑的现状等方面，选择相应的课题进行研究，形成专题汇报材料，并且推而广之，让更多的人了解我国的古典建筑和光辉灿烂的古典建筑文化，让更多的人看到中国古典建筑的风采。

中国古典文化寻访

六　牛刀小试

（一）根据"经典荟萃"部分列举的古典建筑，选择其中你感兴趣的建筑，尽可能全面地搜集相关的图片，并为每幅图片配上简明扼要的文字介绍，举办一个主题图片资料展。

（二）五千年的文明史造就了异彩纷呈的中国建筑文化。以我们生活中举目可见的民居为例：既有中规中矩的北京四合院，又有别具风情的贵州吊脚楼；既有设计精雅的徽州民居，又有风格厚重的晋商大院……每一种风格的建筑都是一种地域文化的载体，每一个时代的建筑都是一段历史的沉淀。选择一种你最喜爱的建筑形式，试阐述其所蕴含的文化内涵。

（三）青岛也有许多古建筑，如被誉为"海上仙山第一""道教第二丛林"的崂山中，汇聚了下清宫、上清宫、太平宫等道观建筑群；在黄岛、胶南等地方，还留有齐长城的遗迹等。试对本地的建筑古迹作一次实地考察，就其现状和受保护情况写一篇调查报告。

（四）由于历史原因，青岛有众多的欧式建筑，素来享有"万国建筑博览会"的美誉。如：坐落于信号山南麓的迎宾馆（提督楼），位于八大关的花石楼和"公主楼"，矗立于浙江路和江苏路的天主教堂和基督教堂等等。请你选择青岛典型的欧式建筑，拍成照片，搜集材料，分析其建筑风格（如"罗马式""哥特式"等）及特点，并与中国古典建筑的外形及内构作简要的对比。

【参考书目】

[1] 王世瑛、朱德明主编《中国古代建筑文化》，旅游教育出版社，2005。

[2] 李书源主编《图说中国文化（建筑工程卷）》，吉林人民出版社，2007。

[3] 梁思成著，林洙编《大拙至美——梁思成最美的文字建筑》，中国青年出版社，2007。

第四章
千门万户曈曈日，总把新桃换旧符

—— 中国传统民俗文化

一　柴扉小扣

"又是九月九，重阳节，难聚首，思乡的人儿漂流在外头。"一首《九月九的酒》酿就的浓浓故乡情，迷醉了无数游子心，唤醒了几多思乡愁。

南朝梁吴均在《续齐谐记》中记载了一个东汉时代的传说：汝南县有一个叫桓景的人跟着道人费长房学仙术。有一天，费长房指点桓景："九月九日，你家当有灾厄，宜赶快离开，令家人各做绛囊，盛茱萸系于臂上，登高饮菊酒，祸乃可消。"桓景按照指点，举家登山。晚上回家，见

王维：九月九日忆山东兄弟

家中的鸡犬牛羊全部暴死。费长房听后说："这些畜生代替你们遭遇灾厄了。"后来每逢重阳节，为取吉利和避邪除火，民间有了登高、赏菊、插茱萸、饮菊花酒、吃重阳糕等习俗。

唐代诗人孟浩然在《秋登兰山寄张五》中最早提及"重阳节"的名称："何当载酒来，共醉重阳节。"最著名的当推王维的《九月九日忆山东兄弟》："独在异乡为异客，每逢佳节倍思亲。遥知兄弟登高处，遍插茱萸少一人。"

重阳节有登高的习俗。李白诗云："九月天气清，登高无秋云。"杜甫则云："重阳独酌杯中酒，抱病起登江上台。"岑参在行军途中适逢重阳节，仍想去登高："强欲登高处，无人送酒来。遥怜故园菊，应傍战场开。"

重阳节有赏菊的习俗。陶渊明的"菊花如我心，九月九日开。客人知我意，重阳一同来"，于朴实中见真情，意趣横生；孟浩然的"待到重阳日，还来就菊花"，写出了深厚诚挚的友情，言有尽而意无穷；黄巢的"待到秋来九月八，我花开后百花杀。冲天香阵透长安，满城尽带黄金甲"，显示出一个农民起义领袖翻天覆地、扭转乾坤的英雄气概。

九九重阳，因为与"久久"同音，又有生命长久、健康长寿的意思。1989 年，我国把重阳节定为敬老节，使传统节日增添了"尊老、敬老、爱老、助老"的崭新的时代内涵。

我们年复一年地穿越着春秋冬夏，也感受着每一个节日带来的快乐。正月拜年，元宵观灯，清明祭祖，端午吃粽，七夕乞巧，中秋赏月，重阳登高，腊八煮粥，除夕守岁，节日犹如时间链条上镶嵌的珍珠，浓缩着民族文化的精华。每一个节日都有它的历史渊源、美妙传说、独特情趣和深厚广泛的民众基础，寄托着整个民族对生活的美好愿望与憧憬。正因为有了一个个丰富多彩的节日，才绘成了一幅幅多姿多彩的历史画卷。无论我们走到世界的哪一个角落，民族节日的风俗和传统，都能让我们找到亲人和伙伴，找到我们民族的根性。

二 回眸远望

民俗，即民间风俗，指一个国家或民族中的广大民众所创造、享用和传承的生活文化。民俗可以说是最贴近百姓身心和生活的一种文化，劳动时有生产劳动的民俗，日常生活中有日常生活的民俗，传统节日中有传统节日的民俗，社会组织里有社会组织的民俗。人生成长的各个阶段也需要民俗，孩子诞生、新人结婚、老人祝寿、死者丧葬等等，都需要有典礼或仪式来求得社会认同。

民俗就是这样一种来自于人民，传承于人民，规范着人民，又深藏在人民行为、语言和心理中的基本力量。我们置身其间却不为其所累，甘愿接受这种程式化规范的保护。

民俗内容包罗万象，它的研究领域仍在不断拓展。就今日民俗学界公认的范畴而言，民俗包含以下几大部分：生产劳动民俗、日常生活民俗、社会组织民俗、传统节日民俗、人生仪礼、游艺民俗、民间观念、民间文学。

中国传统民俗是中国传统文化中不可或缺的部分。华夏民族独特的自然环境、地理风貌、经济形式、社会结构和政治制度为民俗的产生、发展提供了肥沃的土壤；民俗文化也以自身独特的气质，在华夏民族发展的历程和华夏儿女的日常生活中，发挥着重要的作用。

因为其博大精深，所以要全面系统地回顾总结我国传统民俗的历史是非常困难的。因此，我们仅以中国的传统节日民俗为例，借此了解民俗文化是如何在民众生活中得到延续与加强，使民众在耳濡目染中自觉理解、接受传统，从而实现传统的传递与继承的。

在季节轮回中，人们约定俗成地在特定时间进行民俗活动。传统节日能给人们带来新鲜、欣喜、娱乐，使生活节奏和人际关系得以调整，内心的情感得以表达，使生活绚丽多姿。无论是清明祭祖，还是七夕乞巧，都有感人至深的民间传说；饺子、年糕、粽子、月饼以及腊八粥，这些年节的象征食品，蕴含着丰富的文化含义……想要了解本民族的历史，就不能忽略民族传统节日，不能淡忘民俗文化。

在战国时期，一年已基本被划分为二十四个节气①，后来的传统节日大

---

① ［二十四节气］是根据太阳在黄道（即地球绕太阳公转的轨道）上的位置来划分的。视太阳从春分点出发，每前进15度为一个节气；运行一周又回到春分点，为一回归年，合360度，因此分为24个节气。依次为：立春、雨水、惊蛰、春分、清明、谷雨、立夏、小满、芒种、夏至、小暑、大暑、立秋、处暑、白露、秋分、寒露、霜降、立冬、小雪、大雪、冬至、小寒、大寒。为了便于记忆，人们编出了二十四节气歌诀：春雨惊春清谷天，夏满芒夏暑相连，秋处露秋寒霜降，冬雪雪冬小大寒。

都和节气密切相关。

先秦时期的节日风俗活动和原始崇拜、迷信禁忌有关：神话传奇故事为节日平添了几分浪漫色彩，宗教对节日产生了一定的冲击与影响，对一些历史人物的纪念被渗入节日。所有这些，都融合凝聚在节日的内容里，使中国的节日有了深沉的历史感。

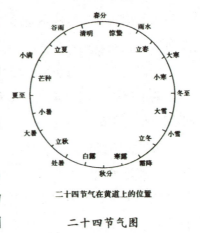

二十四节气在黄道上的位置

二十四节气图

汉代是中国统一后第一个大发展时期，政治经济稳定，科学文化有了很大发展，为节日的最后形成提供了良好的社会条件。因此到汉代，我国主要的传统节日都已经定型。

节日发展到唐代，已经从原始祭拜、禁忌神秘的气氛中解放出来，转为娱乐礼仪型，成为真正的佳节良辰。从此，节日变得欢快喜庆，内容也变得丰富多彩，许多体育、娱乐的活动内容出现，并很快成为一种时尚流行开来。这些风俗一直延续发展，经久不衰。

中国的节日具有强大的内聚力和广泛的包容性，与我们民族源远流长的悠久历史一脉相承，是一份宝贵的精神文化遗产。节日期间，举国同庆，丰富多彩的习俗风尚、人们的衣食住行、民族的传统艺术、民间的宗教信仰，以及人们之间的社会关系、人与人之间的各种情感，都会得到充分的展现，构成一幅幅浓缩的社会生活场景的画卷。中华民族的文化深层结构，即价值观念、思维模式、伦理道德、行为规范、审美情趣等，在岁时节令中均得到了突出集中的体现。在节日风俗中贯串着一条脉络，即树正气、扬美德、显智慧、鉴善恶，凝聚着历代人民对美好生活的追求和向往。

从以下这些流传至今的节日风俗里，我们可以清晰地看到古代人民社会生活的精彩画面。

（一）普天同庆新春至——春节

小孩小孩你别馋，过了腊八就是年。

腊八粥，喝几天，哩哩啦啦二十三。

二十三，糖瓜儿粘；二十四，扫房日；

二十五，炸豆腐；二十六，炖白肉；

二十七，宰公鸡；二十八，把面发；

二十九，蒸馒头；三十儿晚上熬一宿；

大年初一去拜年：您新禧，您多礼，

一手的面不拣你，到家给你父母道个喜！

　　这首北方地区人民耳熟能详的民谣，描绘出了人们迎接新年的场面。在节日的欢乐与忙碌中，在普普通通的生活中，人们享受着生活的乐趣，创造着自己的历史与文化。

　　春节是中国民间最隆重的传统节日。农历正月初一又叫农历年，它起源于殷商时期年头岁尾的祭神祭祖活动。春节到了，意味着春天即将来临，万物复苏，草木更新，新一轮播种和收获的农事活动又要开始了。

　　节前要在住宅的大门上粘贴春联、"福"字或财神、门神像等，在屋里张贴色彩鲜艳、寓意吉祥的年画，在窗户上贴窗花，在门前挂大红灯笼，为节日增添喜庆气氛。

　　春节是个欢乐祥和的节日，也是亲人团聚的日子，离家在外的人过春节时都要回家欢聚。除夕晚上，全家老少一起熬年守岁，欢聚酣饮，共享天伦之乐。新年的钟声敲过，街上鞭炮齐鸣，家家喜气洋洋，男女老少穿着节日盛装，先给家族中的长者拜年，再与同辈互拜，给儿童压岁钱，吃团年饭；初二、初三开始走亲戚看朋友。

　　节日的热烈气氛不仅充满了各家各户，也洋溢在各地的大街小巷，一些地方还有舞狮子、耍龙灯、演社戏、游花市、逛庙会等习俗。这期间花灯满城，游人满街，热闹非凡，一直闹到正月十五元宵节过后，春节才算真正结束。

　　题春节诗一首：

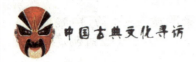

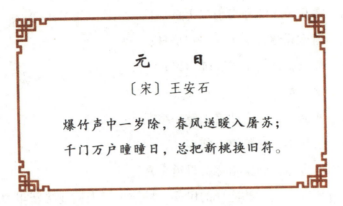

元 日

〔宋〕王安石

爆竹声中一岁除，春风送暖入屠苏；
千门万户瞳瞳日，总把新桃换旧符。

年画《万象更新》

（二）火树银花不夜天——元宵节

农历正月十五是元宵节，亦称"上元节"，源于西汉时期。按中国民间的传统，在这皓月高悬的夜晚，人们要点起彩灯万盏以示庆贺，出门赏月、燃灯放焰，喜猜灯谜、共吃元宵，合家团聚，同庆佳节，其乐融融。

正月里来闹元宵，元宵节可以说是中国人的"狂欢节"，乐事自多，趣闻也不少。宋朝时，有个叫田登的人做了州官。为了避讳，他命令全州的人不许用"登"字，也不许用"登"的同音字。元宵节到了，田登喜欢观灯，却不愿人们用"灯"这个字，就别出心裁地下了一道告示："本州依例，元宵放火三日。"老百姓哭笑不得，只好称"放灯"为"放火"。于是就有了

"只许州官放火，不许百姓点灯"的典故。

　　元宵节的节庆活动还有舞龙灯、耍狮子、踩高跷、划旱船、扭秧歌、打太平鼓等传统民俗表演。这个已有两千多年历史的传统节日，不仅盛行于海峡两岸，而且在海外，在华人的聚居区，也是年年欢庆不衰。

　　题元宵节词一首：

青玉案·元夕

〔宋〕辛弃疾

东风夜放花千树，更吹落，星如雨。

宝马雕车香满路，凤箫声动，玉壶光转，一夜鱼龙舞。

蛾儿雪柳黄金缕，笑语盈盈暗香去。

众里寻他千百度，蓦然回首，那人却在，灯火阑珊处。

元宵灯市

（三）寒食东风御柳斜——清明节

清明是我国的二十四节气之一。《岁时百问》云："万物生长此时，皆清洁而明净。故谓之清明。"清明一到，气温升高，雨量增多，正是春耕春种的大好时节，故有"清明前后，点瓜种豆""植树造林，莫过清明"的农谚。

民间传说，春秋时晋文公为了纪念被火焚于绵山的介子推，下令禁火寒食。后来，由于寒食与清明时间接近，寒食祭祖扫墓的习俗并入清明节，合二为一成为我国最重要的祭祀节日。按照旧的习俗，扫墓时，人们要携带酒食果品、纸钱等物品到墓地，将食物供祭在亲人墓前，再将纸钱焚化，为坟墓培上新土，折几枝嫩绿的新枝插在坟上，然后叩头行礼祭拜，最后吃掉酒食回家。

清明时节，莺飞草长，风和日丽，在屋子里闷了整整一个冬天的人们，正好可以走出户外，探春踏青，呼吸春的气息。宋代画家张择端的传世杰作《清明上河图》，就描绘有清明时节人们上坟踏青的场景。宋代周密所作《武林旧事》一书中，更详细记载了南宋临安城（今杭州）清明时节人们踏青春游的热闹情景。

题清明节诗一首：

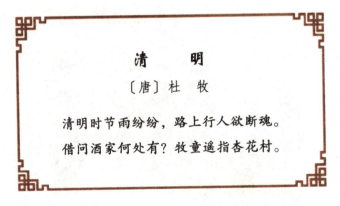

清　明

〔唐〕杜　牧

清明时节雨纷纷，路上行人欲断魂。
借问酒家何处有？牧童遥指杏花村。

清明荡秋千

（四）艾符蒲酒话升平——端午节

农历五月初五是端午节，也称端五、端阳。此外，端午节还有许多别称，如重五节、五月节、浴兰节、女儿节、诗人节、龙日等等。时至今日，端午节仍是中国以及受中国文化影响的周边国家的隆重节日。

过端午节是中国人两千多年来的传统习惯。由于地域广大、民族众多，加上许多不同的故事传说，于是端午节不仅产生了众多相异的节名，而且各地也有着不尽相同的习俗。其内容主要有：女儿回娘家，挂钟馗像，迎鬼船，躲午，贴午叶符，悬挂菖蒲、艾草，佩香囊，游百病①，备牲醴②，赛龙舟，比武，击球，给小孩涂雄黄，饮用雄黄酒、菖蒲酒，吃五毒饼、咸蛋、粽子和时令鲜果等。有些活动，如赛龙舟等，已突破时间、地域界限，成为国际性的体育赛事。

关于端午节的由来说法甚多，诸如纪念屈原说、纪念伍子胥说、纪念曹娥说、起于三代夏至节说、恶月恶日驱避说、吴越民族图腾祭说等等。其中以纪念屈原之说影响最广最深，占据主流地位。千百年来，屈原的爱国精神

① ［游百病］端午习俗，又名"走百病"。是通过游览散步以消除百病的一项健身运动，多在妇女、老人、小孩或体弱多病者中间进行。
② ［牲醴（lǐ）］指祭祀用的牲畜和甜酒。

和感人诗篇，已深入人心。

传说屈原自尽后，楚国百姓非常悲伤，纷纷前往江边凭吊屈原。渔夫们竞赛似地驾船来回在江上打捞屈原的尸体，这就是以后赛龙舟风俗的由来。有一位渔夫还拿出准备好的粽子、鸡蛋丢到江中，希望鱼虾吃饱后就不会去咬噬①屈原的遗体。据说吃粽子的习俗就是这样来的。还有一位老医师向江中倒入一坛雄黄酒，想要迷晕蛟龙，不让蛟龙伤害屈原。据说酒倒下去后，水面上真的浮起一条被迷晕的蛟龙，龙须上还挑着屈原的一片衣襟。人们愤怒了，把蛟龙拉上岸，扒皮抽筋，还把龙筋缠绕在小孩的手上和脖子上，据说这就是端午节在手臂上缠五色丝线这一风俗的来历。

题端午节诗一首：

端 午

〔唐〕文 秀

节分端午自谁言，万古传闻为屈原；
堪笑楚江空渺渺，不能洗得直臣冤。

端午粽

---

① 〔噬（shì）〕咬，吞。

（五）年年乞与人间巧——七夕

七夕是中国古代的情人节，牛郎织女七夕鹊桥相会，这一美丽的传说至今仍广为流传。"牵线搭桥"是撮合青年男女成双成对的民间俗语，"线"指的是月老的红线，"桥"指的是喜鹊搭起的爱桥。"两情若是久长时，又岂在朝朝暮暮"，秦观《鹊桥仙》中的这两句词揭示了爱情的真谛，堪称爱情颂歌中的千古绝唱。

七夕节，也是过去姑娘们最为重视的日子，又称"乞巧节"或"女儿节"。传说中的织女是一个美丽聪明、心灵手巧的仙女，因此凡间的妇女便在这一天晚上向她乞求智慧和巧艺，也少不了求她赐予美满姻缘，所以农历七月初七也被称为乞巧节。

七夕坐看牵牛织女星，是民间的习俗。传说在七夕的夜晚，抬头可以看到牛郎织女在银河相会，躲在瓜果架下能听到两人在天上相会时的脉脉情话。

题七夕节诗一首：

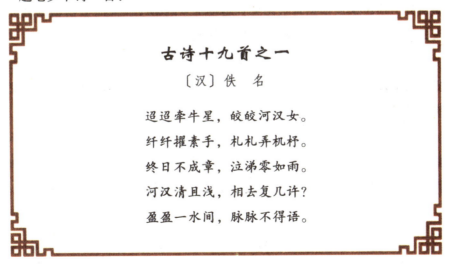

古诗十九首之一

〔汉〕佚 名

迢迢牵牛星，皎皎河汉女。

纤纤擢素手，札札弄机杼。

终日不成章，泣涕零如雨。

河汉清且浅，相去复几许？

盈盈一水间，脉脉不得语。

中国古典文化寻访

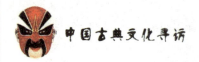

鹊桥相会

（六）月到中秋分外明——中秋节

农历八月十五是传统的中秋佳节。中秋之夜，人们仰望天空如玉盘似的朗朗明月，期盼家人如圆月般团聚；远在他乡的游子，此时会倍添对故乡和亲人的思念之情，所以，中秋节又称"团圆节"。

周朝时就有"秋暮夕月"的习俗。夕月，即祭拜月神。当时人们每逢中秋夜都要举行迎寒和祭月，设大香案，摆上供品，在月下高燃红烛，全家人依次拜祭月亮。

在唐代，中秋赏月已颇为盛行。在北宋，八月十五这一夜京城人家不论贫富老少，都要焚香拜月说出心愿，祈求月亮神的保佑。南宋过中秋节时，民间以月饼互赠，取团圆之意，有些地方还有舞草龙①、砌宝塔②等活动。

---

① ［舞草龙］中秋习俗。以稻草搓成粗大绳索，再扎成龙首龙尾，形同长龙，绳索上插上点燃的香。于中秋之夜，人们高擎香火草龙，或穿梭于村中大道，或起舞于晒场田野。

② ［砌宝塔］中秋习俗。用砖块和瓦砌成圆宝塔形状，内部堆满柴火，燃烧至宝塔坍塌。塔越高、火越旺寓意越吉祥、越兴旺。

明清以来，过中秋节的风俗更加盛行，许多地方还形成了烧斗香①、树中秋②、放天灯③、走月亮④、舞火龙⑤等特殊风俗。

现在的八月十五，在月下游玩的习俗已远没有旧时盛行，但设宴赏月仍是必不可少的。人们把酒问月，或祈求美好的生活，或祝福远方的亲人健康快乐，和家人"千里共婵娟"。

题中秋节诗一首：

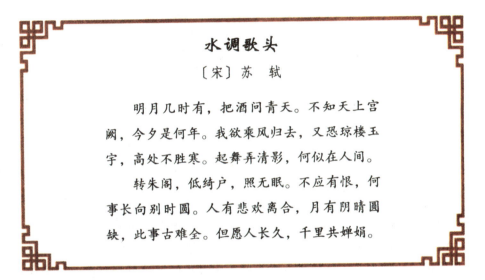

水调歌头

〔宋〕苏　轼

明月几时有，把酒问青天。不知天上宫阙，今夕是何年。我欲乘风归去，又恐琼楼玉宇，高处不胜寒。起舞弄清影，何似在人间。

转朱阁，低绮户，照无眠。不应有恨，何事长向别时圆。人有悲欢离合，月有阴晴圆缺，此事古难全。但愿人长久，千里共婵娟。

---

①　[烧斗香] 中秋习俗。用细的线香编制成斗状，中间盛香屑，香店制作后卖给僧俗人等，人们在中秋夜焚于月下。

②　[树中秋] 中秋习俗。又名"竖中秋"。用竹条扎灯，有果品灯，也有鸟兽、鱼虫灯，也可砌成字灯。中秋夜，灯内燃烛，用绳系在竹竿上，插在房屋高处，以此庆贺中秋。

③　[放天灯] 中秋习俗。天灯，即孔明灯，人们在灯上写出自己的愿望，一起冉冉升向苍穹，以祈求心愿能实现。

④　[走月亮] 中秋旧俗。中秋夜妇女盛妆出游，踏月通宵。

⑤　[舞火龙] 中秋习俗。用稻秆扎成龙头、龙身的形状，插上燃着的香，由青壮小伙子赤膊上阵挥舞舞动；观众点燃鞭炮扔向火龙，小伙子们则舞动着龙头龙身，向抛来的鞭炮左推右挡。舞龙的小伙子们并不怕鞭炮烧，因为扔得鞭炮越多好运也越多。

剪纸：《千里共婵娟》

时代在前进，社会在进步，节俗也在不断变化，与时俱进。例如端午节喝雄黄酒、画老虎头之类的习俗，实际上是人们为了抵御疾病毒虫侵袭而施行的古老的祈福祝愿活动；随着现代科技的发展以及大量防治疾病虫害药物的发明，这些为了"驱五毒①"而产生的端午习俗必然会退出历史的舞台。

但是，文化记忆的消失不会那么迅速和彻底，文化像生命基因一样具有遗传作用。比如春节，虽然当今在大城市中过年的气氛日趋平淡，但是在乡间，过年的氛围却一如既往：节前人们依旧要大扫除，借此扫去一年的晦气；初一依旧要拜祭祖先，要走亲访友互相祝福；离家千里万里的人也要赶回家中过团圆年。正因如此，每年春节期间，中国大地上依然有上亿人加入"春运"大潮，因为从文化传统的大背景看，亲友团聚就是过年的意义。

中华人民共和国成立以后，公历节庆活动在政府的推动下流行开来，如元旦、五一劳动节、十一国庆节都有法定公休日，从 2008 年起又把清明节、端午节、中秋节三个传统节日纳入国家法定节假日中，三八妇女节、五四青年节、六一儿童节、八一建军节等受到了人们的重视，情人节、母亲节、父

---

① ［五毒］毒蛇、蜘蛛、蝎子、壁虎和蟾蜍。

亲节、圣诞节等洋节也进入人们的生活。新的节庆活动充实、活跃了人们的生活，丰富了民俗文化的内涵。

但是，无论中国的节俗怎么变，蕴含其中的中华民族优秀传统是不变的。例如端午节习俗中纪念屈原爱国主义精神的内涵，重阳节习俗中尊老敬老的内涵，以及春节习俗中追求和谐、圆满、融合的精神等等，我们不但不应当让它们在快速发展的社会生活中逐渐式微、消亡，还应当将它们发扬光大，让中华民族民俗节日的光彩永远照耀一代又一代的华夏子孙。

三　流光溢彩

俗话说，"百里不同风，千里不同俗"。由于自然环境与人文环境的差别，民俗常常会呈现出错综复杂的特点。要想全面而准确地把握一般民俗所具有的全部特征，事实上是很难的。下面所讲的民俗的基本特征，主要是指各地各民族民俗所共有的基本特征。

（一）社会性

社会性是指民俗在产生、传承过程中所呈现出的，为广大民间社会所共同接受的基本特征。从构词法上看，"民俗"一词，就是"民间习俗"或"民众习俗"的简化，它所强调的重点，就是民俗的社会性。

民俗社会性的范畴并不一致，有些民俗有时会同时影响几个民族和地区，有些民俗则仅局限于一县一市、一乡一镇、一村一寨，甚至一个家族、一个行业；但更多的民俗事象则多与民族共同体有密切联系。

民俗的影响力与其文化共同体的经济发达程度息息相关。强势群体的民俗往往是超地区甚而超国界的，我国的许多传统节日，如春节、端午、中秋等等，几乎都影响到所有邻国。而那些经济欠发达的弱势群体，其民俗的影响力则相对要弱，许多民俗往往只能在本民族或者本氏族内传承，如产翁

制①等。在了解民俗事象的过程中，要充分了解民俗传承主体的经济地位、文化地位及政治地位在民俗传承过程中所起的作用。

（二）地域性

地域性是指民俗在空间上所呈现出的基本特征。这种特征也被称为民俗的"地理特征"或"乡土特征"。

俗话说"一方水土养一方人"。由于自然环境与人文环境不同，各地风俗往往也会呈现出不同的特点。比如中日两国虽然文化联系千丝万缕，但从审美的角度看，两者却有着相当大的差异。中国人强调人的综合美，而日本人较欣赏自然美，这一点，表现在建筑领域尤为明显。同处东亚的中日两国虽然都使用木构建筑，但日本强调朴素自然，廊柱、屋顶甚至包括室内装饰，都使用原木本色而绝少人工雕琢；中国的木构建筑则更讲究人工化的雕梁画栋、红柱绿梁。又如饮食上，日本料理讲究清淡典雅，生鲜脆嫩，特别注重保持原料的原色原味；而中国菜则注重各种调料的综合运用和人工配比，川菜的麻辣鲜香、沪菜的浓油赤酱等都是典型例证。

日本民居朴素自然　　　　　　　中国建筑雕梁画栋

---

① ［产翁制］我国南方及西南少数民族壮族、傣族、仡（gē）佬族、藏族等曾有的一种古老的习俗。产妇之夫模拟妻子"分娩"、代替妻子"坐月"，而真正的产妇则照例外出干活，并为卧床"坐月"的丈夫准备饮食。

　　自然环境的不同，使民俗事象具有了个性鲜明的地域特征。例如熬汤，北京的汤一定是味浓油大。味浓，有利于保温；油大，有助于藏热。这种汤可以在低温环境中持续保温，非常适于北方民族的生存环境。相反，在酷暑难耐的江南，汤一定要做得清淡鲜美，这是以止渴消暑为目的的。

　　自然环境的不同，也影响着人们独特的审美观的形成。在北方民族中，女子多以丰腴为美，如红山文化的女神，如唐朝的杨玉环。相反，南方人则以清瘦为美，从战国时期的越女西施，到清代曹雪芹笔下的江南女子林黛玉，无不反映出南方人传袭的审美观。

　　社会环境的差异也是造成民俗地域性特征的一个重要原因。地域差异形成的宗教信仰不同，使得不同地区的民俗有鲜明的宗教色彩和地域性特征。如地处西南的傣族，因受小乘佛教的影响，民俗中包含了极其丰富的小乘佛教内容；中原地区神庙中的神灵，则主要由佛道唱主角。语言甚至方言的不同，也常会造成各地民俗的差异。如东北探望病人时送苹果，这是因为在东北方言中，苹果的"苹"字谐音平安的"平"，送苹果意味着送平安；而上海人看望病人却忌讳送苹果，因为在上海方言中"苹果"与"病故"同音，送苹果犯忌。

　　（三）变异性

　　变异性是指民俗在传承过程中，为适应新的生存环境所呈现出的某些具有变异特点的外部特征。从这个意义上讲，民俗犹如一条流动的河，不变的民俗是不存在的。

　　社会环境是影响民俗发生变异的重要因素，民族间的文化交流是民俗发生变异的主要原因。在中国历史上，有数次因少数民族入主中原而引发的民俗变异。这些新文化的到来在丰富中原文化的同时，也使许多中原传统民俗发生变异。如今天北京的饮食，涮羊肉、烤全羊、烤乳猪、满汉全席，甚至包括白水羊头、各色面食小吃等，都与蒙古族、满族及回族饮食文化的渗透有关。

　　国际间的文化交流是造成民俗变异的另一个重要原因。在中国许多地方

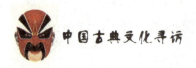

的传统婚礼上，新娘总是身穿石榴裙，怀抱石榴花盆，腰揣石榴果，新房内置放切开果皮、露出子粒的石榴。这实际上是受到了石榴原产地——波斯（今伊朗）——文化的影响，视石榴为多子多福的象征。

自然环境的变化也是造成民俗变异的原因之一。当然，与社会环境的变化相比，自然环境的变化对民俗的影响要小得多，也缓慢得多。一个群体迁徙到新的自然环境，就会引发生活习俗上的变化，如发源于中国北方、喜居石室的苗族，在与黄帝逐鹿中原、败走云贵后，不得不放弃北方的生活方式而改居适于南方气候的干栏式民居。

民俗的变异性表现在移风易俗方面最为明显。在通常情况下，民俗的变异是社会发展的必然结果，无须人为干预。但如果某些民俗确已成为陋俗，民俗的变革则势在必行。在我国历史上，通过行政手段进行民俗变革的事例很多。六朝时，太原地区寒食节禁火长达百日，其间官民人等不得热食，严重地影响了民众的身心健康。后来皇帝下令改禁火百日为禁火三日，受到朝野上下的拥护，禁火百日的陋俗由此得到有效的控制。又如在旧社会，中原汉族地区曾盛行近亲结婚，新中国成立后，人民政府以法律形式明令禁止近亲结婚，取缔了表亲联婚的陋俗。

（四）规范性

规范性是指民俗对民间社会所有成员的行为方式所具有的约束作用。民俗的规范作用几乎涉及人类的衣食住行、社会组织、婚丧嫁娶、岁时习俗、民间信仰、文学艺术等各个领域。大到国家、民族、行业，小到氏族、家庭、个人，在人们的群体行为模式的形成过程中，民俗所起的作用是决定性的。在传统社会中，同一地域的人们会有相同的服饰、相同的饮食习惯、相同的民居住房，都恪守着相同的礼仪习俗、民间信仰、生活习惯，这都与民俗的规范作用分不开，是民俗规范的必然结果。

有位哲人说过一句话：是谁第一个发现水？谁都知道那肯定不是鱼，因为鱼就生活在水中，它已经无法感到水的存在。实际上，每个人都像鱼一样，生活在民俗的海洋中，只因为你已经成为民俗海洋中的一滴水，因此很难感知民俗规范的存在。具有某种规范性特点的民俗一旦形成规模，就很难改变，因为它是千百年来人类社会自然选择的结果。倘若一旦违俗，就会立即受到整个社会的责难甚至严惩，这就是民俗的规范力量。

　　民俗的规范作用常常通过信仰的维系力体现出来。人们为了家族团结，搬出祖先"镇族"；为了航海平安，祈求妈祖保佑；为了保护山林资源，请出山神"镇山"；为了维系行业秩序，抬出行业老祖"镇行"。祖先信仰、神灵信仰强化了民俗事象的规范作用，同时也维护了民间惯制的尊严。此外，许多民间禁忌在维系民俗神圣性方面也发挥过重要作用。

四　经典荟萃

（一）中国人为什么喜欢用红色表示吉庆？

　　现在，每逢过新年、办喜事，人们总喜欢张灯结彩，贴上大红对联，点上大红蜡烛，以表示喜庆吉祥。

　　其实，在远古时代，我们的祖先并不是用红色代表喜庆的。起先，人们用黄色表示喜庆。后来又用黑色，如秦始皇统一全国后，提倡穿用黑色。那时老百姓被称为"黔首"，即以黑巾裹头，其中包含着对黑色的推崇。到汉代，汉高祖刘邦从南方起兵夺得天下，他自认为火德兴邦，所以称自己为"赤帝之子"。赤就是红色。从那时候起，红色成了我国民间崇尚的一种颜色，并一直沿袭下来。现在我国民间仍习惯用红色表示喜庆吉祥，如结婚时在洞房的门窗上贴上大红的喜字，洞房内的许多东西用红色来装饰，各种摆设上都系有红缎带扎的蝴蝶结，床上放着红色的被褥，新娘也穿上大红的衣服。

　　（二）为什么把"福"字倒过来贴？

　　据说，"福"字倒贴的习俗来自清代恭亲王府。一年春节前夕，大管家为讨主子欢心，照例写了许多个"福"字让人贴于库房和王府大门上。有个仆人因不识字，误将大门上的"福"字贴倒了。为此，恭亲王福晋十分恼火。多亏大管家能言善辩，解释说："奴才常听人说，恭亲王寿高福大造化

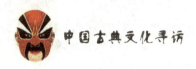

大，如今大福真的到（倒）了，乃吉庆之兆。"福晋听罢心想：怪不得过往行人都说恭亲王府福到（倒）了。俗话说"吉语说千遍，金银增万贯"。她一高兴，便重赏了管家和那个倒贴"福"字的家人。事后，倒贴"福"字之俗就由达官府第传入百姓人家，并都愿过往行人或顽童念叨几句："福到了，福到了!"

"福"字倒贴在民间还有另一则传说：明太祖朱元璋当年用"福"字作暗记准备杀人。好心的马皇后为消除这场灾祸，令全城人家必须在天明之前在自家门上贴一个"福"字。有户人家不识字，竟把"福"字贴倒了。第二天，皇帝派人上街查看，发现家家都贴了"福"字，还有一家把"福"字贴倒了。皇帝听后大怒，立即命令御林军把那家人满门抄斩。马皇后一看事情不好，忙对朱元璋说："那家人知道您今日来访，故意把福字贴倒了，这不是'福到'的意思吗?"皇帝一听有道理，便下令放人，一场大祸终于被消除了。从此，人们便将"福"字倒贴，一求吉利，二为纪念马皇后。

（三）为什么把做生意的人叫做"商人"?

做买卖的人也称生意人、贩子等。但不管有多少种叫法，他们的正式称呼只有一个，那就是商人。在我国古代，老百姓被分为士、农、工、商四类；在现代，则把工、农、兵、学、商作为人民的组成部分。由此可见，商人是代表某一类人的正式称呼。

商人这个称呼来自我国历史上一次朝代的更替。在两千多年前，商朝的末代君王纣王残暴无道，结果被周朝推翻了。亡国后，纣王点火自焚，留下的一批商朝贵族可就惨了，他们的土地、奴隶都被周朝贵族剥夺了，落得一无所有。在不能做官、又不愿意放下架子种田的情况下，这帮人万般无奈，只能去做买卖。当时做买卖是被人瞧不起的下等职业，但幸好社会发展了，物品逐渐丰富起来，干这个行当勉强能混口饭吃，于是商朝贵族和他们的子孙就一代代地干了下去。因为做买卖的都是商朝氏族以及他们的后代，这一类人在周朝就被称为"商人"。后来做买卖的人越来越多，不再限于商朝氏族的后代，但"商人"作为买卖人的代称却一直沿用到今天。

（四）为何把购物说成"买东西"？

这一疑问，也曾引起我国南宋著名儒家学者朱熹的兴趣。一天，他在街上碰见好友盛温如提着一个竹篮子，就问他做什么去。友人答："去买东西。"朱熹又问一句："就不能说去买南北吗？"盛温如解释道："按古人所言，天地宇宙之中，万事万物皆属五行，即'金木水火土'，与'东西南北中'相对应。东属金、西属木，这金木之类的物品装在篮子里，可保佑平安。南属水，北属火，水火不可能装进篮子里，否则便有水火之灾。所以，我向来只说买'东西'，从不说买'南北'的。"

当然，这是古人的迷信之说，不可相信。不过，"买东西"一词自古就有。在东汉时，洛阳和长安是两座商业发达的城市，洛阳被称为"东京"，长安被称为"西京"。民间有人到东京、西京购物，即称"买东""买西"。久而久之，"东西"便成了货物的代名词了，于是"买东西"一词就流传开来。

（五）山东民间方言

语言崇拜是日常生活中常见的社会现象之一，许多风俗习惯的形式与民俗故事的流传是与语言崇拜联系在一起的。比如在胶东，宴席上一般要备"吉祥菜"——鱼和炖豆腐。宴席上，如果端上一盘整条的鱼，便表示酒宴即将结束，即使再贪杯的客人也应该知趣地干完杯中酒准备吃饭。以"鱼"谐"余"，寓意幸福欢快的生活没有完结，余福长久。长岛等地过年少不了炖豆腐，也是取其谐音："炖"音同粮囤［dùn］的"囤"；"豆腐"谐音"都富"，还有"幸福"的寓指，可见，这道菜所包含的社会意义远远超过它自身的价值，已经成为渔民心中美好祝愿的载体。

不仅如此，在山东方言中，人们有时会觉得某种说法不文雅，或是不合乎讨吉利的心理，便避而不用，而用一些文雅或是吉利的说法来替代。比如，烟台、威海等地过年蒸饽饽时，遇到由于火猛而致饽饽裂开口子时，当地人称此为"饽饽笑了"，而不说"饽饽裂口子了"。笑是人的动作，将之赋予物体，将其拟人化，饱含了人民群众烘托祥和气氛的感情色彩。

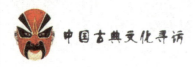
胶东地区称水饺为"姑扎",水饺煮破了一般叫"挣了"。其实,饺子破了不是一件好事,但一句"姑扎挣了",则使这件不愉快的事情平添了不少喜庆的气氛。在当地人看来,饺子"挣"得多,预兆着将来钱挣得多。由这一方言民俗还演绎出一个生动的小故事《挣与赔》:

有户做生意的人家,雇了个上锅的(方言词,意为厨师),姓裴。商人有个讨口彩的脾气,凡事儿都想讨个吉利,逢年过节就更不例外了。这年腊月三十晚上,商人和老婆孩子坐在炕上喜气洋洋地喝酒吃菜,上锅的就在旁边煮饺子。酒喝得差不多的时候,商人高声问上锅的:"伙计,姑扎怎么样了? 挣了多少?"商人问这话的目的是希望上锅的回答挣得很多,哪怕一个没挣也要这样说,好讨个口彩。可是这位上锅的是个实心眼,有点不开窍,偏偏不明白主人的意思,况且他煮的饺子确实一个也没有破。于是他高兴而且坚定地回答说:"一个也没挣! 你放心吧,有我老裴(赔)在,一个儿也挣不了。"

(六)山东民间剪纸

山东民间剪纸从造型风格上大致可分两类:一类具有渤海湾地区粗犷豪放的风格,与黄河流域其他省份的剪纸一脉相承。一类则是更有特点的山东胶东沿海地区的以线为主、线面结合的精巧型剪纸,它似乎与山东汉代画像石细致繁缛①的风格一脉相承,以其花样繁复的装饰手法,使单纯爽快的外形更饱满丰富。

胶东称手巧的女子为"伎俩人"。"伎俩人"让全村人都引以为荣。她们剪的花样子常常被人们用烟火熏在土纸上到处流传,成为远

胶东人家

---

① [繁缛]多而琐碎。

近乡村剪花时的范本。剪纸用途最多的是装饰窗户。胶东的窗棂多是细长条形的格子，一般只能贴一些小的花。妇女们发挥创意，运用化整为零的方法把大的构图分割成条形剪出，再贴到窗上组合成一个完整的画面。这种被称为"窗越"的剪纸一般贴在"窗心"。另有"窗角花""窗旁花"以及悬挂在窗前会活动的"斗鸡花"等，构成了系列性的"棂间文化"。与节庆的居室布置相适应，剪纸还用于墙围及屋顶仰棚的装饰，以及器皿的贴花。

山东剪纸从古发展到今，独特的审美功能越来越鲜明，因此，民间的"伎俩人"也就更加注重技巧的精熟，那若断若连的线条和细如蚊足的毛刺，往往令人感叹其技艺超群。

（七）饮食禁忌

在饮食民俗中有许多禁忌和约定俗成的规矩，青岛人习惯叫"忌讳"或"讲究"。禁忌是建立在相信神灵和巫术观念基础上的一种民间信仰，多带有迷信色彩。但也有些是出于道德观念和礼貌，如客人没吃完饭或筵席未散忌收拾碗筷，客人在时不能扫地，因为这样做就意味着赶客人走；饮酒划拳忌用小指，小指比喻"小人"，用大拇指数"一"表示对对方的尊重；客人进门第一顿饭不能吃水饺，因为水饺是送行吃的食品，俗称"滚蛋饺"，吃水饺意味着客人不受欢迎。

不少禁忌是人们避凶趋吉的心理反映。在有的地方，吃饭时忌把一双筷子分放在杯盘两边，认为"筷（快）分开"了；忌用筷子敲空碗，因为旧时乞丐讨饭时就这样敲，敲碗意味着没饭吃；待客上菜忌单数，要四盘或八碗，或十二盘、十六盘；祭祖或供神则忌双数，饭要三碗、五碗，酒要三盅，一炉香要三支，饽饽要三摞，一摞要五个。还有的忌从窗口递进食物，因为送牢饭都是从窗口传递的；盛饭时忌勺子往外翻，因这是旧时给犯人盛饭的舀法；招待客人吃水果时不能两人分吃一个梨，以避讳"分离（梨）"等。

有的禁忌对人有劝诫作用，也就是俗话说的"劝人方"，如吃饭忌剩碗底，说是"小孩剩碗底，长大娶麻妻"，实为民间敬谷神、惜谷物的心理表

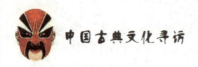
现。有的禁忌隐含着一定的科学道理，如"饭后忌洗澡，酒后忌剃头"等等。还有的禁忌没有什么科学根据，如年轻人忌喝瓶子底的残酒，说喝了会生闺女，显然十分荒诞。

禁忌制约着人们的思想和行动。随着科学文化的普及和人民思想观念的更新，一些带迷信色彩的禁忌已被人们摒弃，而一些出于道德观念、礼貌和避凶趋吉心理的禁忌还在青岛地区继续流行。

（八）周戈庄祭海节

每年农历 3 月 18 日，即墨市田横镇周戈庄村就迎来了一年一度的祭海节（又叫上网节），200 多只渔船排满海湾，渔民们扎松门①、摆供品、唱大戏、放鞭炮，到龙王庙拜神、贴对子，一派热闹的景象。目前，已有 500 年历史的周戈庄祭海仪式，原汁原味地保留了中国北方渔民的传统习俗，已成为我国北方地区规模最大的祭海活动。

旧时渔民在海上遇难者很多，"波澜不惊""海不扬波""慈云常护""有求必应"这些挂于庙宇中的牌匾，充分展示了以海为生的人们对于大自然的美好愿望。渔民将信任和希望寄托在统领四海水族的神祇身上，祈求平安和丰收，这种思想逐渐演化成习俗沿袭下来。我们从古老的海洋文化积淀中可以发现祭海的内涵：祭祀海神、祭报祖先、祈求丰收。

祭海节当天清晨的日出之前，渔民就在龙王庙前的海滩上摆上供桌，桌上分别摆三牲（黑毛公猪、红毛公鸡、鲜鲈鱼）、面塑、黄酒、水果、糖果、花生等。

祭海的时辰越早越好，有占先发财的说法。祭海仪式开始后，鞭炮齐鸣，人们开始焚烧香纸。随着鞭炮声，各船主往空中大把抛撒糖果，海滩上众人便争着抢糖果，有谁捡的糖果多谁当年会交大运的说法；还有哪条船的鞭炮声势大、持续时间长，船主就会兴旺发财的说法。因此祭海时点挂的多

---

① ［扎松门］用松树枝扎成的大松门是祭海时必不可少的。数米高的松门中间高、两边低，上面写有"福源东海""渔业永昌"等祝福语，祭海时要抬着供品穿过松门。

是千、万响的大鞭炮。有的船家把几挂鞭绑在大木杆上同时燃放，热闹非凡。

如今的周戈庄祭海不再是一种迷信的祭祀，已逐渐演变成田横沿海民间风俗中的一种节庆活动——祭海民俗文化节。祭海的形式、内容也由传统的祭神，变为欢送渔民出海、预祝渔业丰收。

五 含英咀华

中华五千年的民俗文化积淀深厚，博大精深，凝结着我们民族的思想传统、情感个性和人民的生活情感、人间理想。在中国文明历史长河中，民间的风俗文化以其鲜明的时代特征和多姿多彩的表现形式，成为中华民族灿烂文化中绚丽夺目的亮点。

大家可根据自己的兴趣和条件，从下面活动中任选一项，然后借助互联网和图书馆，搜集、整理相关资料，从中感悟民俗的文化底蕴。

（一）民间节俗

现在，有越来越多的年轻人热衷于过圣诞节、情人节、愚人节、母亲节、感恩节，这些洋节时尚、浪漫、温馨，迎合了年轻人爱玩爱热闹的心理。而中国的传统节日则似乎总离不开"吃"，形式比较单调，渐渐远离了年轻人的世界。其实，中国传统节日的民俗里沉淀着丰厚的文化内涵，浓缩着深厚的血脉亲情。

1. 搜集春节、清明、端午、中秋四大传统节日的相关资料（诗词、对联、灯谜、传说、故事等），在班里举行一个新闻发布会，以多媒体课件介绍的方式展示活动成果。还可以开展一项问卷调查——中国人过年大调查，将调查结果统计后在新闻发布会上发布。

2. 请完成下面的表格，全面了解中国的传统节日里有哪些民俗活动。

中国传统节日民俗

时间	节日名称	民俗内容
正月初一		
	元宵节	
公历4月5日前后		
	端午节	
		吃巧果、坐看牵牛织女星
八月十五		
		登高、赏菊、吃重阳糕
腊月初八		
		祭灶、扫尘、吃糖瓜

3. 在中国的传统节日中，有半数以上是"重日"，即月份与日期相同。比如农历一月一春节、二月二龙抬头、五月五端午节。

说一说：除了上文提到的三个"重日节日"外，还有哪些节日也是"重日"？这些节日都有哪些民间传统习俗？

（二）民间节会

青岛地区的民间节会非常多，有天后宫新正民俗文化庙会、海云庵糖球会、青岛之夏艺术灯会，有胶南徐福节、胶州秧歌会、莱西戏迷节，还有城阳红岛蛤蜊节、崂山北宅樱桃节、即墨鹤山柿子节……灿烂的民俗文化浸润着我们脚下的每一寸土地。如今，青岛人对传统的民间节会进行重新包装，加入各种富有时代特色的文化活动，既提升了民间节会的文化品位，也形成了文商融合的特色，"文化搭台、经济唱戏"，打造出自己独特的民俗文化品牌。

1. 请实地考察一个本地节会，并设计一条青岛地区民俗游路线。

2. 请完成下列连线题，进一步了解青岛地区的节会活动。

节会名称	节会时间	节会内容
平度大泽山葡萄节	正月初九~十五	祭海民俗表演
青岛萝卜会	3月	赏花、摄影展、登山比赛、笔会等
即墨田横祭海节	4月上旬	萝卜雕刻艺术大赛、民间绝活秀等
胶南杜鹃花会	8月中下旬	啤酒品饮、饮酒大赛、文化博览等
青岛国际啤酒节	8月下旬至10月中旬	吃葡萄比赛、喝葡萄酒比赛，亲手采摘葡萄、品尝农家饭等

（三）民间艺术

剪纸、年画、灶神图案、面塑、香包、布老虎……这些出自民间的艺术作品流露出返璞归真的艺术气质，散发着原汁原味的民间气息。但是，这些传承了几千年的富有生命力和创造力的中国民间艺术，却正在从我们的日常生活中消逝。

青岛地区的民间艺术深具地域特色，富有浓郁的沿海风情，种类丰富，如青岛的草编、胶南的农民画、即墨的面塑和饽饽磕子、胶州和城阳的剪纸、莱西的刺绣和刻葫芦、平度的年画等等。让我们到艺术馆、博物馆，到乡间村头，到文化市场去欣赏、收集、购买这些珍贵的民间艺术作品吧，让散于社会、藏于民间的民俗艺术之花生生不息。

可以参观青岛市民俗博物馆、走访民间艺人、逛昌乐路文化街，搜集民间艺术品，搞一个民间艺术品展览。

（四）民间故事

在我们美好的童年记忆里，珍藏着这样一幅画面：月亮在白莲花般的云朵里穿行，晚风送来一阵阵欢乐的歌声，我们坐在高高的谷堆旁边，听妈妈讲那过去的事情……

丰富多彩的民间文学滋养了我们的心灵，丰富了我们的情怀，也拉近了我们与乡土的距离，亲近了我们与乡亲的情感。让我们跟随内心的感动走入民间吧，开始寻找，寻找那份流淌在血液中的眷恋与怀念。

到民间去采风，去采访身边的老人，搜集整理民间故事和传说，举办一次"青岛地区民间故事会"，深入了解青岛地区的民风民俗。

六　牛刀小试

（一）过大年

过年前，去赶一次年集，为家里采购一批年货；帮父母扫尘，除旧迎新，干干净净过个年；自己动手写一副春联，粘贴在门口；拜访民间剪纸艺人，观摩学习其技艺，自己完成几幅窗花剪纸作品，为家里增添喜庆气氛；和家人一起包饺子，别忘了包上几个钱饺子，看看谁的运气最好。

（二）赶节会

青岛地区节会众多，除了前面提过的节会之外，还有青岛海洋节、青岛元宵山会、青岛樱花会、青岛金秋菊花会、青岛梅花节、城阳牡丹艺术节、城阳岨（shuǐ）峪樱桃山会、崂山登山节、崂山茶文化节、崂山沙子口龙王节、胶南海青采茶节、胶南九上沟樱桃节、即墨灵山山会、莱西山楂节、平度马家沟芹菜节、平度古岘（xiàn）山会、胶州大白菜节、胶州艾山庙会……

选择一个民间节会，实地考察节庆活动的仪式，亲身体验节庆气氛，用文字或拍照片、录像的方式记录下来。导游专业的同学可创编一篇导游词。

（三）寻传说

青岛地区流传着众多的民间传说故事，以崂山耐冬、牡丹和崂山道士为题材的传说已被蒲松龄写成短篇小说《香玉》和《崂山道士》，载入《聊斋志异》。还有流传至今的崂山区的石老人传说，城阳区的胡峄（yì）阳传说，黄岛区的徐福传说，即墨市田横镇的田横民间故事，即墨市灵山镇的灵山老母传说，即墨市金口镇的金口民间故事，胶南市的大珠山传说，平度市的大泽山民间故事……

搜集并整理青岛地区的民间传说故事，编写《青岛地区民间传说故事选》，美术、动漫专业的同学可配上插图或相关图片，使其图文并茂。

（四）访民俗

从出生到死亡，青岛地区的人生礼仪民俗形式多样。婴儿出生后要举行"报喜""过三日""搬满月""过百岁"等多种庆生仪式；结婚大喜要经过说媒、定亲（下媒柬）、送日子、送嫁妆、迎娶等多道程序；如今普遍推行火葬，丧事从简，但也有戴孝、吊唁、出殡等丧俗。

搜集并整理青岛地区的生育习俗、婚嫁习俗、丧葬习俗及衣食住行等生活习俗，制作一个"青岛地区民俗种种"的网页进行展示。

【参考书目】

[1] 盖国梁：《节庆趣谈》，上海古籍出版社，2003。

[2] 鸿宇编著《中国民俗文化》，宗教文化出版社，2004。

[3] 朱宁虹主编《中华民俗风情博览》，中国物资出版社，2005。

[4] 马庚存编著《人文青岛》，青岛出版社，2004。

【参考媒体】

中国民俗网 http：//www. chinesefolklore. com/

民俗网 http：//www. minsuw. com/

中国非物质文化遗产网 http：//yichan. folkw. com/

中国民俗文化摄影网 http：//www. chinafcp. com/

中国古典文化寻访

第五章
顷刻间千秋事业，方寸地万里江山

——中国传统戏曲文化

一　柴扉小扣

你知道中国最早冲出亚洲、走向世界的戏曲艺术家是谁吗？他就是京剧大师梅兰芳。

梅兰芳和他在《贵妃醉酒》中的剧照

京剧也称"国剧"，是中国的三大国粹之一，是中国百姓引以为荣的经典戏曲艺术。清朝乾隆年间四大徽班进京，奠定了京剧在国内戏曲舞台上的核心地位。由于语言差异，起初外国人并没有感受到中国京剧的艺术魅力，但当他们在中国看过京剧表演艺术家梅兰芳的表演之后，纷纷为京剧的表演形式和艺术内涵所折服，争相邀请梅兰芳到他们国家去演出。

1919 年，梅兰芳先生率领京剧班赴日本演出，京剧艺术首次向海外传播。1930年，他到美国演出，引起轰动。当时正值美国经济危机，市场不景气，但梅兰芳在纽约百老汇的演出却大受欢迎，最高票价6美元，黑市价则高达16美元。美国南加利福尼亚大学和波摩拿学院争相授予梅兰芳文学博士学位。1935年，梅兰芳在苏联的演出更是轰动一时。演出结束后，观众如醉如痴，掌声经久不息，梅兰芳谢幕达10次之多。一向深居简出的斯大林以及苏联的党政要员都观看了梅兰芳的表演，大文学家高尔基、阿·托尔斯泰也前往观看。有许多戏迷买不到票，便聚在剧院门口，想一睹梅兰芳的风采。苏联警察为维持秩序，不得不骑着马驱散人群。此后，世界各地把京剧看成中国的演剧学派，中国京剧从此开始走向世界。

以京剧为代表的中国传统戏曲，综合了文学、音乐、舞蹈、美术、武术、杂技以及表演等各种因素，是最典型、最集中的文学和艺术的综合概括。根据有关部门的统计，我国现有戏曲剧种317种，传统剧目数以万计。比较流行的剧种有五十多个：京剧、昆曲、越剧、豫剧、粤剧、秦腔、川剧、黄梅戏、评剧、湘剧、晋剧、汉剧、潮剧、闽剧、祁剧、河北梆子、花鼓戏……尤以京剧流传最广，遍及全国。中国戏曲丰富的剧种和繁多的剧目是世界上任何一种戏剧文化都难以企及的。

几个世纪以来，"舞台小世界，世界大舞台"的观念一直伴随着中国人。惩恶扬善、除暴安良一直是中国戏曲的最大主题，这也是中国戏曲备受中国老百姓欢迎的根本原因。人们一方面从舞台上的演出中得到精神的享受和灵魂的愉悦，一方面通过舞台了解世界，认识生活，参悟人生。"舞台方寸悬明镜，优孟衣冠正后人""人情到底好排场，耀武扬威，任你放开眉眼做；世事原来多假局，装模作样，惟吾脚踏实地看"，这些常贴于戏台两旁的对联，不仅是戏曲特点和作用的最简洁的写照，也揭示了中国戏曲"以文教化"的重要功能。

二　回眸远望

中国戏曲是在古代歌舞、滑稽戏、说唱艺术等多种艺术形式的基础上形

成的。戏曲最早是从模仿劳动的歌舞中产生的，经过不断地丰富、革新与发展，逐渐形成比较完整的戏曲艺术体系，与古希腊的悲喜剧、印度的梵剧并称为世界三大古剧，也成为中华民族传统文化的重要组成部分。

中国传统戏曲的形成最早可以追溯到秦汉时代，但是形成的过程却相当缓慢和漫长，直到宋元时期才成型。纵观中国传统戏曲从起源到成熟的过程，大致可以分成以下几个阶段。

（一）先秦至唐代初期——戏曲的萌芽期

戏曲起源于原始歌舞。古代歌舞是对生活的再现，是歌唱、音乐、舞蹈的结合，是原始的表演艺术，具有鲜明的戏曲因子。《诗经》里的"颂"、《楚辞》里的"九歌"，就是祭神时歌舞的唱词。从春秋战国时代到汉代，从祭神的歌舞中逐渐演变出娱人的歌舞，这种歌舞就被称为滑稽戏。滑稽戏的演员被称作"优"。"优"以歌舞、诙谐、作乐、杂耍等服侍于帝王，起到了特殊的政治作用。司马迁在《史记·滑稽列传》中为我们描述了楚庄王身边一个聪明机智、能演善言的"优"——优孟。"优孟衣冠"后来成为演戏的代称。史记中记载的另一个人物——优旃（zhān）生活在秦始皇时代，他表面上处处奉迎皇帝，实际上是个刚直不阿、深明大义之人，曾数次用巧妙的语言让秦始皇取消了劳民伤财的动议。后来"优"进一步与"倡"——乐人——合一成为倡优，这就把说、唱甚至音乐初步融合在一起了。到了汉魏乃至初唐，又先后出现了以竞技为主的"角抵"（即百戏）、以问答方式表演的"参军戏"和扮演生活小故事的歌舞"踏摇娘"等，这些都是萌芽状态的戏曲。

（二）唐代（中后期）——戏曲的形成期

中唐时期以后，我国戏曲艺术飞跃发展，戏曲艺术逐渐形成。唐玄宗李隆基（唐明皇）酷爱音乐，会作曲，还擅长击打羯鼓①，是一位极出色的音乐家。他曾专门开辟两个地方作为教练宫廷歌舞艺人的场所，名曰"梨

---

① ［羯鼓］我国古代的一种鼓。

园"。一个在长安（今陕西西安市）光化门北禁苑中，有广场，兼可拔河、打球；一个在蓬莱宫侧宜春院，其中分设男女二部。当时，宫廷乐舞有两大类，一为坐部伎，在堂上表演，舞者大抵为 3～12 人，舞姿文雅，用丝竹细乐伴奏；一为立部伎，在堂下表演，舞者 60～180 人不等，舞姿雄壮威武，用锣和鼓等伴奏。唐玄宗曾选坐部伎子弟 300 人和宫女数百人于"梨园"学习歌舞，组成了一个庞大的皇家乐团，有时亲加教正，这些人被称为"皇帝梨园弟子"。后来人们据此称戏曲界为"梨园"，称戏曲演员为"梨园弟子"。唐玄宗重视歌舞的举动大大推动了戏曲的发展，因此后人将李隆基尊为"梨园祖师"。

（三）宋金——戏曲的发展期

宋金时期则是戏曲的发展期。宋代的"杂剧"和金代的"院本"已经注重戏曲的情节，都能演出完整的故事，剧中角色也较以前增多，初步形成了我国戏曲表演分行当的体系。中国的说唱艺术到了金代又得到了一个阶段性的飞跃，出现了董解元创作的说唱诸宫调《西厢记》。在 13 世纪时出现的诸宫调可以看做是后来元代北曲的先行者，而董解元实是北曲的首创人。"董西厢"这个节目的出现，意味着说唱艺术无论是在文字还是在音乐抑或是在表现力上都已经完全成熟。宋杂剧、金院本和说唱诸宫调，从乐曲、结构到内容，都为元代杂剧打下了基础。

（四）元代——戏曲的成熟期

中国戏曲文化形态在元朝得以成熟并定型。元杂剧是在民间戏曲的肥沃土壤上，继承和发展前代各种文学艺术的成就，经过教坊、行院、伶人、乐师及"书会"人才的共同努力形成的一种新型戏曲。元杂剧形成了每本四折一楔的格式，每折包括曲词、说白（即说话）和科（即动作、表情）三部分，角色则分为末、旦、净、丑、外、杂，已经包含了戏曲演出的全部要素——唱、念、做、打。它具备了戏曲的基本特点，标志着我国戏曲进入成熟的阶段。王国维说："北剧南戏，皆至元而大成，其发达，亦至元代而上。"

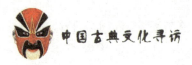
　　元朝统治者出于把持政权的需要，曾经在较长时期内中断科举考试，于是元朝读书人不得不离开书斋走向社会，开始更多地关注社会，走出了一条与大众相结合的艺术道路，创作了众多优秀的艺术作品来倾吐人民的心声。在短短的几十年内，元朝产生了六七百个元杂剧，还有数目众多的元散曲。这些作品全面而深刻地反映了元代社会的生活面貌，其中许多优秀作品已成为我国珍贵的文化遗产。例如关汉卿的《窦娥冤》，通过描写善良无辜的童养媳窦娥的悲惨遭遇，深刻地揭露了元朝社会的黑暗现实，歌颂了被压迫者的反抗精神；王实甫的《西厢记》，以争取婚姻自主与恪守"父母之命"的矛盾为主线，以崔莺莺、张珙和红娘三人之间的误会和冲突为副线，互相交织，挥洒自如。它那"愿天下有情的都成了眷属"的主题思想和个性鲜明、栩栩如生的艺术形象，具有强大的艺术魅力，给人以强烈的感染，深受广大群众喜爱。关汉卿和《倩女离魂》的作者郑光祖、《梧桐雨》的作者白朴、《汉宫秋》的作者马致远并称为"元曲四大家"。

　　（五）明清——戏曲的繁荣期

　　到了明代，传奇这种表演形式发展起来。明代传奇的前身是宋元时代的南戏。南戏在体制上与北杂剧不同，它不受四折的限制，也不受一人唱到底的限制，用开场白交代情节，多是大团圆结局，风格大都比较缠绵，不像北杂剧那样慷慨激昂，在形式上比较自由，更便于表现生活。高明的《琵琶记》是一部由南戏向传奇过渡的作品。这部作品被誉为"南戏中兴之祖"。明代中叶，传奇作家和剧本大量涌现，其中成就最大的是汤显祖。他一生写了许多传奇剧本，《牡丹亭》是他的

昆曲《牡丹亭》剧照

代表作。作品通过杜丽娘和柳梦梅生死离合的故事，歌颂了反对封建礼教，追求幸福爱情，要求个性解放的反抗精神。作者给爱情以起死回生的力量，

让它战胜了封建礼教的束缚，取得了最后胜利。这一点，在当时封建礼教统治的社会里，具有深远的社会意义。因此这部剧作问世以来，一直受到读者和观众的喜爱。2008年6月，在伦敦举办的中国文化系列主题活动中，中国台湾著名作家白先勇精心打造的青春版昆曲《牡丹亭》，在当地文化圈和华人社区引起轰动。台湾流行歌手王力宏的作品《在梅边》，也是取材于《牡丹亭》，可见其艺术魅力。

在清朝初年的北京舞台上活跃着四大剧种，即南昆、北弋、东柳、西梆。其中南昆是指流行于江南昆山一带的昆山腔；北弋指南戏与北曲结合，产生于江西弋阳地区的弋阳腔；东柳即流行于山东的柳子腔；西梆是在我国西北广为流传的梆子腔，也就是秦腔。"昆山腔"简称"昆腔"，清代以来称为"昆曲"，现今已被称为"昆剧"。昆曲行腔优美，以缠绵婉转、柔曼悠远见长。它的音乐后来被京剧以及许多地方剧种，如川剧、湘剧、粤剧、桂剧、汉剧、婺（wù）剧等吸收消化。由于昆曲在中国戏曲发展中有极其重要的地位，故而有"百戏之母"的美誉。到了清代中期，又出现了影响深远的皮黄调，皮黄调系统中的京剧则是风行全国的主要剧种。到了清末民国初年，京剧已发展到成熟阶段，不仅成为京城戏曲舞台上的主流，而且开始向全国传播。

三　流光溢彩

中国传统戏曲经过无数代戏曲作家、艺术家的不断探索、发展和丰富，形成了显著的艺术特点，具有独特的审美特征。这种特征尤其表现在程式化、虚拟性两个方面。中国戏曲艺术具有高度的程式化和虚拟性，以鲜明的艺术特色在世界戏剧舞台上独树一帜。

（一）程式化

程式化是中国戏曲的基本特点。所谓程式，就是根据戏曲舞台的特点和特殊规律，将现实生活中的动作、语言等经过选择、加工、装饰，使之规范化，形成一套有规律可循的表现方法。我国传统戏曲历经千百年的创造、发展、提炼，形成了一套系统而完整的戏剧艺术（包括人物、动作、歌唱）程式。就舞台表演而言，程式化的动作表演方法与技巧非常丰富，可以表现现实的、抽象的、复杂而多样的生活情景和人物的精神世界。应该说，我国独特的戏曲表演形式，来自于生活又以艺术的形式渗透到生活之中。

1. "唱念做打"的艺术手段

中国戏曲的表演程式是运用歌舞手段表现生活的表演技术格式，即运用"唱念做打"这四种艺术手段来表现人物。唱、念、做、打以至音乐伴奏皆有程式的特点，制约着戏曲形象创造的一切方面，也是戏曲表演的四项基本功。"唱"指歌唱，"念"指具有艺术性的念白。念与唱互相补充、配合，是表达人物思想感情的重要艺术手段。"做"泛指表演技巧，一般又特指舞蹈化的形体动作，是戏曲有别于其他表演艺术的主要标志之一。"打"是戏曲形体动作的另一重要组成部分，是传统武术的舞蹈化，也是对生活中格斗场面的高度艺术提炼。"唱念做打"作为戏曲的特殊艺术手段，四者有机结合，构成了戏曲表现形式的特点，是戏曲有别于其他舞台艺术的重要标志。

戏曲艺术高度的程式化有助于表现千姿百态的生活，有助于塑造丰富多彩的人物性格。戏曲表演程式好像一个富有魔力的"百宝箱"，无所不包，无所不容。表现日常生活，有上楼、下楼、开门、推窗、骑马、坐轿的动作……表现喜怒哀乐，有眼神功、指法功、水袖功、扇子功、翎子功、帽翅功……表现出征打仗，有起霸、趟马、打出手、各路"档子"、各类阵图……丰富多彩，蔚为大观。比如在京剧里有句戏谚"七上八下"，指的就是"上楼七步，下楼八步"。相传有一次梅兰芳先生表演上楼时走了八步，有观众指出错误，梅先生虚心接受，成为梨园中的一段佳话。

2. 角色行当及其特点

中国戏曲表演艺术在形象创造上要求把剧中人物的内心活动、精神气质和音容笑貌等转化为鲜明的外部形象，而且主要依靠富于表现力的动作完成形象创造。因此中国戏曲在长期艺术实践中逐渐稳定、汇聚成性格化表演程式的分类系统，即生、旦、净、丑等各个角色行当。这些角色行当都有一套完备的基本功，要求演员必须掌握。

　　"生"是除了大花脸和丑角以外的男性角色的统称。根据所扮人物的年龄、身份的不同，又分为老生、小生、武生。老生，又名须生，动作造型庄严、端重，如京剧《空城计》中的诸葛亮、《四郎探母》中的杨四郎；小生演的是青年男性，不戴胡须，如《西厢记》中的张生、《空城计》中的周瑜；武生则扮演擅长武艺的青壮年男子，如关羽、赵匡胤、孙悟空。

　　"旦"是女性角色的统称，又分为正旦、花旦、武旦、老旦、彩旦。正旦多扮演娴静庄重的中青年女性，因常穿青素褶衣，又称"青衣"，如秦香莲、崔莺莺、白娘子等；花旦多扮演性格爽快的青年女性，表演常带喜剧色彩，如红娘、春香等；老旦扮演老年妇女，如佘太君、姜桂枝；武旦扮演擅长武艺的女性，如穆桂英、小青；彩旦又叫丑旦，扮演滑稽或奸刁的女性人物，表演富于喜剧、闹剧色彩，舞台上的媒婆形象，多属彩旦这一行当。

　　"净"俗称花脸，因为演员在面部化妆时会采用各种色彩和图案脸谱。"净"大多是用于表现性格、品质或相貌上有些特异的男性人物，音色洪亮，风格粗犷。"净"又分为大花脸、二花脸、武二花、油花脸。大花脸扮演地位较高、举止稳重的人物，如包拯、徐延昭。二花脸大多扮演勇猛豪爽的正面人物，如张飞、李逵；有的二花脸也扮演勾白脸的奸臣，如曹操、赵高。

　　"丑"扮演喜剧角色，因在鼻梁上抹一小块白粉，俗称小花脸。根据所扮演人物的身份、性格和技术特点，大致可分为文丑、武丑两类，在剧中扮演幽默、滑稽的喜剧人物，也并不都是反派。武丑演的多是一些机警风趣、武艺高强的人物，如时迁；文丑扮演的人物类型很广，主要有袍带丑、方巾丑、毡帽丑、巾子丑，也包括彩旦。

　　在角色行当的程式化方面，戏曲脸谱起了相当重要的作用。戏剧家张庚说过："脸谱是一种中国戏曲内独有的、在舞台演出中使用的化装造型艺术。从戏剧的角度来讲，它是性格化的；从美术的角度来看，它是图案式的。在漫长的岁月里，戏曲脸谱是随着戏曲的孕育成熟逐渐形成，并以谱式的方法

相对固定下来的。"

（二）虚拟性

我国戏曲的另一特点是虚拟性。虚拟性是中国戏曲表演的基本特征：在虚中见美，而并非实中求真；是虚中见情，而并非实中见像。无论是京剧还是其他地方戏，中国传统戏曲都是重写意、讲虚拟的艺术。"写意传神"是中国传统戏曲和重写实的西方戏剧的重大区别。

1. 舞台结构体制的虚拟性

戏曲不同于小说或电影，尽管它也是反映生活的一种特殊形式，但它却要在舞台这个有限空间和一次演出的有限时间内表现戏里的生活图景。因此戏曲公开表明舞台的假定性，不去追真也不去拟真，承认戏就是戏，对舞台时间和空间的处理采取一种超脱的态度。所谓"三五步行遍天下，六七人百万雄兵""顷刻间千秋事业，方寸地万里江山"，说的就是戏曲舞台的虚拟性。尽管舞台上没有崇山峻岭、河流湖泊，没有暴雨、骄阳，但是演员可以凭借虚拟的表演，使观众产生身临其境的感觉。舞台是空的，戏是假的，可是假戏又要真做。如京剧《三岔口》，仅有一张桌子、两把椅子，靠演员的精湛技艺，真切表现出摸黑打斗的情景。

2. 虚实结合，相生成美

虚拟性作为传统戏曲的基本特征，还表现在演员的表演和布景的设置上。它们含虚蓄实，虚实结合，相生成美。通过演员的表演动作和观众的联想，产生惟妙惟肖的艺术效果。它与我国传统绘画的手法极为相似。如齐白石的《虾图》，虾实而水虚。通过虾游动的神态，表现出水的存在。戏曲景物虚实的基本规律是大虚小实、远虚近实。如鞭实马虚、杯实酒虚、桨实船虚……易于表演的实之，不易于表演的则虚之。实者为直观的可视形象，既能独立存在，又能以点带面，诱发观众联想和想象。虚者是非直观的可视形象，但通过实物和演员的表演，在观众思维中产生"幻象"，形成无中之有，境生象外，如开门、关门、上马、下马、上山、下山等等。比如在梅派代表剧目《贵妃醉酒》中，唐明皇宠妃杨玉环约明皇到百花亭赴筵。杨贵妃久候明皇不至，原来他早已转驾西宫。杨贵妃羞怒交加，万端愁绪无以排遣，遂命高力士、裴力士添杯奉盏，饮至大醉，怅然返宫。其实那碗里并无酒，是虚的；而"喝酒"是通过表演者一系列程式化的舞台动作完成的，达到了无中之有的效果。

3. 重写意的美学特征

所谓写意，是与写实相对而言的。"写意"是中国文化的传统，也是中国美学的命脉，它最具有东方的特色和情怀。"写意"也是传统戏曲的内在特征。戏剧评论家黄佐临先生把它归纳为"生活写意性""动作写意性""语言写意性""舞美写意性"。传统戏曲非常注重揭示人物的内心世界，它主要通过许多细节和行为来展现人物的思想活动，用粗线条的动作勾画人物性格的轮廓，用细线条的动作描绘人物的思想活动。它不追求事件过程的生活真实，而是在假定性、虚拟化的表演中，将人物间复杂尖锐的矛盾及人物的内心世界、精神面貌，真实、强烈、鲜明地刻画出来。中国戏曲的这种审美追求，造成在营构戏曲时要打破逼真感，而实现"不似之似"的效果。为此，戏曲中的多与少、繁与简、快与慢，都必须围绕刻画人物和凸显主题来安排。凡是与揭示主题、矛盾冲突和人物内心世界有关的地方就"有戏"，要挖得深、演得足，不放过重要的"细枝末节"。这也就是"有戏则长"，其他的"无戏则短"，可简略带过。

四　经典荟萃

中国幅员辽阔，形成了众多的戏曲剧种。这些剧种百花齐放，具有不同的历史渊源、演唱风格和艺术特色。因为戏曲剧种常处于兴衰更替的变化之中，所以实际上很难比较各个剧种的优劣和地位高下。现根据各戏曲剧种在人民群众中的普及程度和流传广度，结合我国戏曲发展的历史与渊源，选取几个剧种作简单介绍。

（一）恢弘大气的东方"歌剧"——京剧

提起京剧，就会让人联想到梅兰芳。那么，你知道以梅兰芳为首的"四大名旦"都有谁吗？"四大流派"又指的是什么？"四大须生"又指的是哪些人？

京剧被誉为东方"歌剧"，已有 200 多年历史。它不仅行当齐全、表演成熟，而且气势宏大，是近代中国戏曲的奇葩。京剧作为国剧，有典型的中国音乐风格——以旋律为主，气韵生动，富有线条美；节奏突出，粗犷的阳刚之气和细妙的阴柔之美并存，"乐而不淫，哀而不伤""发乎情，止乎礼"。京剧在清光绪年间形成于北京，其前身为徽剧。清乾隆五十五年（公元 1790 年），各地方戏班借为皇上祝寿之机，纷纷赴京献艺，南腔北调云集。扬州三庆徽班由高朗亭率领入京，红遍京城；后来又有四喜、春台、和春等徽班进京，史称"四大徽班进京"，京师梨园面貌由此开始改观。后徽剧与北京剧坛的昆曲、汉剧、弋阳腔、乱弹等剧种经过五六十年的融合，演变成为京剧，成为中国最大的戏曲剧种。此时演老生的谭鑫培和演旦角的王瑶卿是两位集大成者，他们在唱腔设计、角色扮演、表演方法以至剧本内容方面都进行了全面开拓，使京剧终于形成格局。

程砚秋、尚小云、梅兰芳、荀慧生（从左至右）

京剧剧目之丰富、表演艺术家之多、剧团之多、观众之多、影响之深均为全国之冠。1917年以来，优秀京剧演员大量涌现，呈现出流派纷呈的繁盛局面。1927年，北京《顺天时报》举办京剧旦角名伶评选，经观众投票选举，梅兰芳、尚小云、程砚秋、荀慧生被选为"四大名旦"。"四大名旦"的脱颖而出，标志着京剧走向鼎盛时期。"梅尚程荀"四大流派开创了京剧舞台上以旦角为主的格局，梅派端庄典雅，尚派俏丽刚健，程派深沉委婉，荀派娇昵柔媚。武生杨小楼在继俞菊笙、杨月楼之后，将京剧的武生表演艺术发展到新高度，被誉为"国剧宗师""武生泰斗"。老生中的余叔岩、高庆奎、言菊朋、马连良在20世纪20年代并称"四大须生"。至20世纪30年代末，余、言、高先后退出舞台，马连良、谭富英、奚啸伯、杨宝森被称为新的"四大须生"。此外，在电影《梅兰芳》中有所表现的女须生孟小冬，因具有较高的艺术造诣，颇有其师余叔岩的艺术风范，也名噪一时。

2006年5月20日，京剧经国务院批准被列入第一批国家级非物质文化遗产名录。京剧优秀的传统剧目有200余出，例如《宇宙锋》《玉堂春》《长坂坡》《群英会》《打渔杀家》《五人义》《挑滑车》《打金枝》《拾玉镯》《秦香莲》《空城计》《霸王别姬》等。其中很多剧目都被拍成电影，如梅兰芳的《贵妃醉酒》、程砚秋的《荒山泪》、李少春的《野猪林》、张君秋的《铡美案》等等，受到广大观众的喜爱，许多人都能唱上几句。

（二）清悠婉丽的江南戏曲——越剧

1965年谢晋导演的电影《舞台姐妹》轰动全国；2007年，根据这部电影改编的同名连续剧又在国内掀起了一股越剧潮，剧中鲜明的人物形象和温婉优美的越剧唱腔让人难以忘怀。虽然是艺术创作，但《舞台姐妹》却真实地反映了一代越剧女伶在旧上海十里洋场中奋斗与挣扎的人生历程。其中竺春花的原型就是"越剧十姐妹"的领头雁——袁雪芬，而"越剧皇后"商水花被逼自尽的悲惨故事则是取材于"越剧十姐妹"之一筱（xiǎo）丹桂的真实遭际。

越剧主要流行于上海、浙江、江苏、福建等地，有"全国第二大剧种"

之称。越剧长于抒情，以唱为主，声腔清悠婉丽，优美动听，表演真切动人，极具江南地方色彩。越剧由清代浙江嵊县一带流行的说唱形式"落地唱书"发展而来，最初由男班演出，后改男女混合班或全部女班。1936年后，女班因扮相俊美、曲调流畅而取代男班，盛行于上海和浙江。1942年，袁雪芬首倡改革，建立剧本制、导演制，并改革服装、化装、舞台布景、声腔基调，在表演上吸收昆曲和话剧的表演特长，使越剧得到了长足的发展。新中国建立后，越剧成为很有影响的一个剧种。

以袁雪芬为代表的越剧十姐妹（尹桂芳、袁雪芬、范瑞娟、傅全香、徐玉兰、筱丹桂、竺水招、徐天红、张桂凤、吴小楼）成为中国戏曲界一道靓丽的风景。20世纪50年代至60年代初期是越剧发展的黄金时期，创作出了一批有重要影响的艺术精品，如《梁山伯与祝英台》《西厢记》《红楼梦》《祥林嫂》等，在国内外都获得了巨大声誉。其中《梁山伯与祝英台》《情探》《追鱼》《碧玉簪》《红楼梦》还被拍摄成电影，使越剧进一步风靡大江南北。在越剧电影《红楼梦》中，徐玉兰扮演的贾宝玉和王文娟扮演的林黛玉成为超越时空的经典形象，其艺术魅力影响了几代观众。

越剧《红楼梦》剧照

改革开放以来，越剧新剧目大量涌现，数以百计的剧目被搬上了银幕和屏幕；越剧新秀人才辈出，活跃在舞台上；越剧唱腔流派纷呈，使越剧艺术更加绚丽多彩。以茅威涛、何赛飞为代表的浙江省小百花越剧演出团先后出演拍摄了《五女拜寿》《唐伯虎》等电影作品，受到了广大越剧爱好者的欢迎。

（三）委婉清新的采茶戏——黄梅戏

"树上的鸟儿成双对，绿水青山带笑颜""你我好比鸳鸯鸟，比翼双飞在人间"，几乎每个人都会哼唱这些耳熟能详的黄梅戏唱段。

黄梅戏原名黄梅调、采茶戏，是在皖、鄂、赣三省交界地以黄梅采茶调为主的民间歌舞基础上发展而成的。后来，黄梅调东传到安庆地区，改用当地方言来演唱，被称为怀腔或怀调，便是今日黄梅戏的前身。早在清乾隆末期，安徽、湖北、江西三省毗邻地区便有用打击乐器伴奏、人声帮腔，以载歌载舞的形式来细致模拟自然生活的黄梅戏小戏演出，演员多以业余为主，班子很小。辛亥革命后，黄梅戏逐渐职业化并相继进入安庆、上海等大城市，取消帮腔，试用京胡伴奏。新中国建立后，黄梅戏得到大发展，吸取了民歌和其他音乐的精华，创造了以中国乐器为主、以西方乐器为辅的伴奏方式。黄梅戏因其唱腔委婉清新、有歌剧味道，表演细腻动人、有生活气息，成为广受群众欢迎的优秀剧种之一。

黄梅戏《天仙配》剧照

黄梅戏的集大成者是严凤英。她从小酷爱黄梅调，12岁不畏族人和家庭的反对，学唱黄梅戏，后离家出走正式搭班唱戏。在23年的艺术实践中，严凤英在唱腔和表演方面都有突出的创造，为黄梅戏艺术的发展作出重大贡献。她嗓音清脆甜美，唱腔朴实圆润，演唱明快真挚，吐字清晰，韵味醇厚，吸收京剧、越剧、评剧、评弹、民歌等之长，融会贯通，自成一家，世称"严派"。严凤英和王少舫主演的影片《天仙配》成为黄梅戏发展历程中的一座丰碑。《天仙配》的巨大成功，使香港的黄梅戏电影数十年经久不衰。可惜这位才华横溢、风华绝代的艺术家在"文革"中惨遭迫害，被逼自杀，但她甜美的扮相与优美的唱腔，永久地留在了观众记忆的深处。

此外，王少舫、马兰、吴琼、黄新德、韩再芬等都是著名的黄梅戏演员，他们的精彩表演闻名大江南北。优秀剧目《打猪草》《夫妻观灯》《女驸马》《闹花灯》《牛郎织女》等脍炙人口，为人们广为传唱。

（四）绝技冠天下的蜀戏——川剧

在2004年的中央电视台春节联欢晚会上，四川艺术学校学生表演的精彩节目《变脸》，向亿万观众展示了神奇的变脸绝技，川剧由此为大江南北的人们所熟知。

川剧是我国戏曲宝库中一颗光彩照人的明珠。它历史悠久，在唐代就有"蜀戏冠天下"的说法。清代乾隆时，四川地区在本地车灯戏基础上，吸收融合各地声腔，形成了含有高腔、胡琴、昆腔、灯戏、弹戏五种声腔的用四川话演唱的"川剧"。其中川剧高腔曲牌丰富，唱腔美妙动人，最具地方特色，是川剧的主要演唱形式。

川剧的表演艺术有深厚的生活基础，并形成了一套完美的表演程式，有的演员还练就了不少绝技，如托举、开慧眼、变脸、钻火圈、藏刀等，令人叹为观止。其中变脸是川剧表演艺术的特殊技巧之一，它是体现剧中人物内心思想感情的一种浪漫主义的表现手法，其诡谲（guǐ jué）变幻的技艺令中外观众叹服不已。当代川剧作家魏明伦以"一戏一招"的创新精神先后写作

了《易胆大》《四姑娘》《潘金莲》《夕照祁山》《中国公主杜兰朵》《变脸》
等一批在国内外有影响的戏曲剧本。他的开山之作《潘金莲》采用了古今时
空交错、古人今人同台演出等新奇创意，在全国各地都产生了广泛深刻的影
响；川剧《中国公主杜兰朵》向同时在北京演出的张艺谋执导的外国歌剧
《图兰朵》叫板，演出获得成功。可以说这位"巴蜀鬼才"有力地推动了川
剧的发展，大大提高了川剧的知名度。

　　著名的川剧演员有小生袁玉堃（kūn）、曾荣华、姜尚峰、谢文新，旦
角琼莲芳、阳友鹤、杨云凤、薛艳秋、胡漱芳、许倩云、竞华、杨淑英，正
生陈淡然、司徒慧聪，丑角周企何、刘成基、周裕祥、陈金波、李文杰，武
生彭海清；另外还有名鼓师王官福、苏鸣清等。

　　川剧剧目繁多，早有"唐三千，宋八百，数不完的三列国"之说。其中
以高腔部分遗产最为丰富，艺术特色最显著，传统剧目有"五袍""四柱"
以及"江湖十八本"等，还有川剧界公认的"四大本头"（《琵琶记》《金
印记》《红梅记》《投笔记》）。由筱舫、罗玉中、刘成基主演的川剧电影
《乔太守乱点鸳鸯谱》，向观众展示了川剧艺术的别样精彩。

　　（五）高亢酣畅的河南梆子——豫剧

　　"刘大哥讲话理太偏，谁说女子享清闲。男子打仗到边关，女子纺织在
家园。白天去种地，夜晚来纺棉，不分昼夜辛勤把活干，将士们才能有这吃
和穿。你要不相信，请往这身上看，咱们的鞋和袜，还有衣和衫，千针万线
可都是她们连哪！有许多女英雄，也把功劳建，为国杀敌是代代出英贤。这
女子们哪一点儿不如儿男？"这段淋漓酣畅、高亢有力的豫剧唱段，不仅唱
出了中华女性勤劳勇敢的美德，也唱出了河南人民淳朴热忱的情怀。演唱者
就是著名的豫剧表演艺术家常香玉。她和陈素真、崔兰田、马金凤、阎立品
并称为"豫剧五大名旦"，代表着豫剧的五大风格流派。

　　豫剧也称河南梆子、河南高调。豫剧的流行地区分布甚广，大江南北、
黄河两岸以至新疆、西藏都有豫剧演出。豫剧产生于明末清初，初时以清唱
为主，深受老百姓的喜爱，因而发展非常迅速。20世纪20年代末到30年

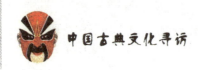

代，王润枝、马双枝、司凤英、常香玉等在开封等城市演出，他们吸收了坠子、大鼓、京剧的一些唱腔，使豫剧发生了显著变化，逐渐成为在我国流传较广的戏曲剧种之一。豫剧一向以唱见长，唱腔流畅、节奏鲜明，极具口语化，吐字清晰、行腔酣畅，易为听众听清，显示出特有的艺术魅力。

　　豫剧的传统剧目有 1000 多个，其中很大一部分取材于历史小说和演义，有《对花枪》《三上轿》《铡美案》《花木兰》《穆桂英挂帅》《破洪州》等。1956 年常香玉主演的豫剧电影《花木兰》、1979 年牛得草主演的豫剧电影《七品芝麻官》（根据豫剧传统剧目《唐知县审诰命》改编）都产生了广泛的影响。

　　（六）质朴简单的乡村艺术——山东吕剧、胶州茂腔

　　吕剧，又名"化装扬琴""琴戏"，起源于山东以北的黄河三角洲，流行于山东和江苏、安徽部分地区。最初的吕剧班大都是走乡串村，演出于田间地头，影响甚小。1900 年，山东省广饶县民间艺人时殿元独辟蹊径，在广泛吸收其他戏曲、曲艺艺术成分的基础上，把山东琴书由坐唱形式改为化装演出，首创化装扬琴，成为吕剧的主要创始人。时殿元首创的化装扬琴演出获得成功后，其他琴书艺人纷纷效仿，使化装扬琴在山东各地广泛传播。特别是进入城市之后，为满足城市居民的欣赏要求，并与其他剧种相抗衡，化装扬琴在角色、唱腔、服装、道具、舞美等方面更加戏剧化，逐渐发展成为一个具有鲜明地域特色的剧种。

　　吕剧属于乡村艺术，演农家事、唱农家情，角色多是小生、小旦、小丑，唱词和道白取自民间用语，伴奏乐器以坠胡、二胡、三弦为主。吕剧表演的代表人物有郎咸芬、林建华、李岱江等。传统剧目有《画龙点睛》《姊妹易嫁》《墙头记》《李二嫂改嫁》《借妻》《石龙湾》等。

　　山东胶州曾有民谣唱道："茂腔一唱，饼子贴在锅台上，锄头锄到庄稼上，花针扎在指头上。"这生动地描述了流传在胶州一带的地方剧种——茂腔的艺术魅力。

　　茂腔原名周姑调，又名肘子鼓，最初是在城乡民间流传的口语化、唱腔

简单的剧种。这种演唱形式约出现于清朝初期，至清末形成自己的基调，后经民间艺人张凤山、刘顺仙等几代人的努力，逐步完善，于20世纪初期流传到青岛等城市。新中国成立后，当地政府对这种已经濒临消亡的民间戏曲进行了抢救，定名为"茂腔"。其唱腔音乐具有典型的北方音乐特点和鲜明的地方风格。代表剧作有《花灯记》《弘文才女》《东京》《西京》《状元与乞丐》等等。

进入21世纪，吕剧、茂腔和其他一些地方剧种都面临着"人气"不旺的问题。由于缺少观众，茂腔这种口耳相传的传统艺术在城市几乎成为绝唱。

五 含英咀华

林语堂先生在其《戏剧》一文中这样评价中国戏曲："从纯粹的文学观点上观察，中国的戏曲，包括一种诗的形式，其势力与美质远超于唐代的诗。著者深信，唐诗无论怎样可爱，我们得从戏曲与小调中寻找最伟大的诗……一个人先读了正统派诗然后再谈戏曲中的歌词，他所得到的感觉，恰如先看了插在花瓶里的美丽花枝，然后踱到开旷的花园里，那里繁锦富丽另是一番光景，迥非单调的一枝花可比了。"诚如林语堂先生所说，中国的戏曲文化历史悠久，种类繁多，精彩纷呈，美不胜收。它独特的艺术魅力和朴素的道德意识影响了一代又一代的观众，把真善美播撒到人们的心田中，至今保持着旺盛的生命力。因此在掌握一定的戏曲文化知识的基础上，我们应该再从感性的角度欣赏各剧种的精彩片断，进一步感受戏曲的艺术特征和文化魅力。

（一）欣赏不同剧种的精彩片断，体会戏曲文化之美

1. 通过收集有关中国戏曲的文字或音像资料，或者观看有关的戏曲影碟和央视的"梨园风景线""曲苑杂谈""戏曲欣赏"等电视栏目，加深对戏曲文化的了解和认识。

2. 神州大舞台，每个地方都有自己的剧种。我们不妨选看东南西北不同剧种的戏曲片段，体会各剧种的不同风格，如秦腔的"吼"，京剧的字正腔圆，越剧的温婉优美，粤剧的清越高扬……

3. 一方水土养一方人，一方水土也孕育了一方戏曲。文化是生活的观照，从中能看到民情民俗。播放《花木兰》《天仙配》《铡美案》《报花名》等选段，说一说每个选段各属于什么剧种，讲了一个怎样的故事，里面的人物都属于哪种角色行当。

（二）赏析京剧《锁麟囊》选段，感受戏曲的文化魅力和教化特征

1. 《锁麟囊》剧情：登州富家女薛湘灵出嫁，送亲途中遇到大雨，轿夫抬花轿入春秋亭避雨；当时载着贫女赵守贞的另一抬花轿也在亭内避雨。因为亭内狭小，从人便退到别处，仅留二女独坐轿中。薛湘灵隐隐听到赵守贞的哭声，便派人询问缘故。赵守贞悲叹贫贱夫妻百事哀戚，前程堪忧。湘灵心生怜惜，让侍女从嫁妆中取出内贮珠宝的锁麟囊相赠。雨停后，二人别去。

六年后，登州发洪水，薛湘灵与家人失散之后，只身逃难到了莱州。为求生计，她只好到当地绅士卢家为仆。一天，她陪着刁蛮的小公子天麟在夫人曾嘱勿上的小楼下游戏。公子故意将球抛到小楼上，逼薛湘灵取球。湘灵不得已上楼，却见自己当日赠给赵守贞的锁麟囊供在香案上。原来卢夫人即赵守贞，当年她和丈夫便是靠着锁麟囊内的珠宝迅速发家的。赵守贞得知湘灵为赠囊之人，好生感慰，于是将湘灵敬为上宾，并助她找到亲人，使湘灵一家团聚，两家也结为通家之好。

2. 欣赏京剧《锁麟囊》中《春秋亭外风雨暴》选段，体会京剧字正腔圆、优美流畅的艺术特点和程（砚秋）派深沉委婉的唱腔。

3. 讨论人物性格和思想主题。

提示：京剧《锁麟囊》为京剧的传统剧目，是四大名旦之一程砚秋的代表作品。故事完整，脉络分明，薛湘灵温柔善良、怜贫济困、乐于助人的美

好形象和"好心有好报""积德行善""知恩图报"的淳朴主题，至今仍为人们所喜爱。该剧当年由程砚秋领衔主演，另有吴富琴、芙蓉草、孙甫亭、刘斌昆、李四广、慈少泉等表演艺术家参与演出，名家荟萃，各具特色。

（三）观看越剧《梁山伯与祝英台》，体会戏曲中舞台的虚拟性特征

1. 内容提要：《梁山伯与祝英台》是越剧的优秀传统曲目。梁、祝突破封建藩篱，誓死追求纯真爱情的动人故事打动了无数人的心；两人跨越生死、双双化蝶的传奇结局更是激励和温暖了众多向往爱情、渴望真爱的青年男女。而越剧清悠婉丽的唱腔与演员俊美飘逸的扮相，将这个传奇故事诠释得分外完美。

2. 重点赏析越剧《梁山伯与祝英台》中《十八相送》的优美唱段。

3. 体味中国戏曲的虚拟性特征。

《梁祝》中的《十八相送》一段，舞台上虽然没有布景，却借助于演员的歌唱、舞蹈、对话、眼神，移步换形，边唱边舞，把送别路上的复杂心情、各种景致，细腻生动地表现了出来。请思考：①梁、祝二人送别路上都遇到了哪些景致？②表演中什么是真实的，什么是虚拟的？

六　牛刀小试

俗话说"外行看热闹，内行看门道"，说的就是看戏的感觉。传统戏曲虽然已与现代生活疏远，但通过本章内容的学习，相信我们已经初步了解了中国传统的戏曲文化，也学会了一点赏析传统戏曲的方法，能够看出一点门道了吧。现在就让我们和戏曲进行一次亲密接触。可以根据个人的喜好和特点任选一个学习任务，分组合作完成。

（一）查一查，说一说

我国传统戏曲种类繁多，仅我们山东就有吕剧、山东梆子、胶州茂腔、柳琴戏、胶东大秧歌等。上网查询资料，或访问当地剧团专业人士和戏曲爱好者，了解家乡的地方戏。将学到的知识做成多媒体课件，进行一次家乡戏

中国古典文化寻访

曲知识讲座。

（二）找一找，画一画

"外国人把那京剧叫做 Beijing Opera，没见过那五色的油彩愣往脸上画。'四击头'一亮相，美极啦，妙极啦，简直 OK 顶呱呱！蓝脸的窦尔敦盗御马，红脸的关公战长沙，黄脸的典韦、白脸的曹操、黑脸的张飞叫喳喳……"这首欢快优美的歌曲，唱的就是京剧的脸谱。脸谱是中国戏曲独有的、不同于其他国家任何戏剧的化装，有着独特的艺术魅力。那么，脸谱与戏曲人物角色的关系如何？是不是戏曲中的每个人物都需要勾画脸谱呢？同学们可以查阅资料，了解一下戏曲脸谱的奥秘，并试着自己画一个脸谱。

京剧脸谱

（三）写一写，品一品

中国传统戏曲是我们宝贵的艺术源泉，很多文学家、艺术家、音乐人都从中汲取养分，获取创作的灵感。像林俊杰的《曹操》、周杰伦的《东风破》、王力宏的《在梅边》《花田错》，或取材于戏曲故事，或取材于戏曲唱词。那么，让我们也把喜欢的戏曲故事、戏曲唱词改编成现代歌词，在课堂上与同学分享，一起来感受戏曲深厚的文化底蕴吧！

（四）唱一唱，演一演

学习之余，跟着电视、电脑或卡拉 OK 学唱几段精彩的戏曲唱段，在课堂上一展才艺；或者与组内同学选一段大家喜爱的戏曲，分饰角色，做些道具，来一场戏曲表演。

【参考书目】

　　[1] 焦垣生、吴小侠：《戏曲欣赏》，西安交通大学出版社，2008。

　　[2] 张壮年、张颖震编著《中国历史秘闻轶事》，山东画报出版社，
2002。

　　[3]《百科知识》，2008年第2期，中国大百科全书出版社。

　　[4] 王国维：《宋元戏曲史》，东方出版社，1996。

　　[5] 林语堂：《林语堂文选》，中国广播电视出版社，1990。

第六章
笔有千钧任翕张，挥洒丹青写精神
——中国古代书画文化

一　柴扉小扣

2008 年北京奥运会的会徽名为"中国印·舞动的北京"。它的设计将中国特色和奥运元素巧妙地结合起来，尺幅之内，凝聚着东方气韵；笔画之间，升华着奥运精神。

"舞动的北京"是用中华民族精神镌刻、古老文明意蕴书写、华夏子孙品格铸就的一首奥林匹克史诗中的经典华章，它简洁而深刻，展示着一个城市的演变与发展；它凝重而浪漫，体现着一个民族的思想与情怀。

2008 年北京奥运会会徽

"舞动的北京"是一方中国印章。这方"中国印"镌刻着一个有着十三亿人口和五十六个民族的国家对于奥林匹克运动的誓言，见证着一个拥有古老文明和现代风范的民族对于奥林匹克精神的崇尚，呈现着一个面向世界、面向未来的都市对奥林匹克理想的诉求。它是诚信的象征，它是自信的展示，它是第 29 届奥运会主办城市北京向世界和全人类作出的庄严而又神圣的承诺。

"舞动的北京"展现着中华汉字所呈现出的东方思想和民族气韵，传递着华夏文明所独具的人文特质和优雅品格。借中国书法的灵感，将北京的

"京"字演化为舞动的人体，在挥毫间体现了"新奥运"的理念。手书的"Beijing 2008"借汉字形态之神韵，将中国人对奥林匹克的千言万语浓缩于简洁的笔画中。当人们品味镌刻于汉字中的博大精深的内涵与韵味时，一个"新北京"诞生了。

"舞动的北京"是中华民族图腾的延展。奔跑的"人"形，代表着生命的美丽与灿烂。优美的曲线像龙的蜿蜒身躯，讲述着一种文明的过去与未来；像河流，承载着悠久的岁月与民族的荣耀；像血脉，涌动着生命的勃勃活力。在"京"的舞动中，"以运动员为中心"和"以人为本"的体育内涵被艺术地解析和升华。

在"舞动的北京"中，红色被演绎得格外强烈，激情被张扬得格外奔放，这是中国人对吉祥、美好的礼赞，这是中国人对生命的诠释。红色是太阳的颜色，红色是圣火的颜色，红色代表着生命和新的开始；红色是喜悦的心情，红色是活力的象征，红色是中国对世界的祝福和盛情。

北京奥运会会徽综合了中国书法和绘画两种艺术的特点，集中体现了中国书画艺术追求神韵、重在意趣的品格。下面，就让我们展开中国书画艺术的精美画卷，来欣赏其中的亮丽风景。

二　回眸远望

中国书画是中国书法和绘画的统称。

书法是伴随着汉字的产生而产生，伴随着汉字的发展而发展的。汉字约在公元前 14 世纪的殷商后期产生。汉字的发展，大致可分为甲骨文、篆书、隶书、草书、楷书、行书等几个阶段的演变过程。最早的定型文字是刻在龟甲、兽骨上的甲骨文，它以象形为基础，奠定了书法艺术的一些基本要素。篆书有大篆、小篆之分。西周后期，汉字发展演变为大篆。大篆有两个特点：一是线条化。汉字粗细不匀的线条变得均匀柔和了，它们依照实物画出的象形线条十分简练生动。二是规范化。字形结构趋向整齐，逐渐脱离了图

画的形状，奠定了方块字的基础。秦朝丞相李斯将大篆化繁为简，改为小篆。小篆除了把大篆的形体简化之外，还使汉字的线条化和规范化进一步完善，几乎完全脱离了图画文字，成为整齐、和谐、美观的长方形方块字体。但是小篆也有根本性的缺点，即它的线条用笔书写起来很不方便，所以几乎在小篆产生的同时又产生了形体向两边撑开呈扁方形的隶书。至汉代，隶书发展到了成熟的阶段，汉字的易读性和书写速度都得到大大提高。隶书之后又演变出章草，而后是今草，至唐朝有了抒发书者胸臆、寄情于笔端的狂草。楷书是糅合隶书和草书而自成一体的字体，发端于魏晋，在唐朝开始盛行。我们今天所用的印刷体，即由楷书变化而来。楷书形成后，中国文字已基本定型。介于楷书与草书之间的是行书，它书写流畅，用笔灵活，传至今日，仍是我们日常书写所习惯使用的字体。唐代是书法艺术发展的鼎盛时期，各种书体都有了承先启后的发展，尤其是楷书的成就达到高峰。书法中所说的"颜筋柳骨"，指的就是唐代的楷书大家颜真卿和柳公权的书法艺术的风格。宋代书法家注重感情个性的发挥，追求自由的个性表现，故有"宋人尚意"之说。宋代出现了苏轼、黄庭坚、米芾、蔡襄四大家。元、明、清书法上承古意，个人风格更加鲜明多样，成为书法发展史上又一个繁荣时代。晚清以后，中国书法艺术逐渐走向世界，影响遍及日本、朝鲜及东南亚各国。

甲骨文　　　　　篆书　　　　　隶书

草书

楷书

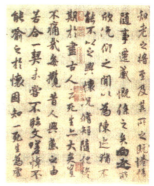
行书

　　中国画简称国画，在题材上有人物画、山水画、花鸟画之分，在技法上又可分为工笔画和写意画两种。

　　中国绘画的发展史最早可上溯到远古的岩画和新石器时代彩陶器皿上的装饰纹样。商、周时期的绘画基本上是装饰性图案，到西周以后，开始有以表现人物活动为主的纪事性绘画作品。秦汉时期是中国绘画史上的第一个发展高潮，出现了宫殿壁画、建筑壁画、墓室壁画及与此相关的画像石、画像砖等。三国两晋南北朝时期战争频繁，民生疾苦，却是绘画发展的重要阶段。这一时期，佛教美术十分兴盛，反映士族名士生活及人物形象的作品迅速增多，以文学为题材的绘画创作日趋活跃，山水画和花鸟画开始萌芽，涌现出一批知名画家，如顾恺之、王微、宗炳等。到隋唐时期，绘画在题材、内容和表现手法等方面均取得了高度成就，成为中国绘画史上的高峰之一。其中人物画在隋唐占主要地位，著名画家有阎立本、吴道子等。唐代山水画有着多种风貌，金碧青绿与水墨挥洒并行，专门画山水的画家日益增多。五代两宋时期，中国绘画进一步成熟和完备。宋代绘画题材较唐代有很大扩展，其中最有建树的是表现社会生活的风俗画，如《清明上河图》。而山水画在这一时期的发展最为显著。五代时期的以荆浩、董源为代表的山水画对后世产生了重要影响。宋代李成的塞林平远，范宽的崇山峻岭，米氏父子的云山墨戏，李唐、马远、夏圭高度剪裁而富有诗意的绘画反映了山水画艺术的不断变革和发展。这一时期的花鸟画也有着长足的发展，以宋徽宗赵佶为代表的院体花鸟画具有很高水平。南宋梁楷的花鸟画开水墨写意之先导，在文人学士中流行的墨竹、墨梅、墨花、墨禽等绘画更着重表现主观情趣。中国画发展到元、明、清时期，文人画有了突出的发展，涌现出难以计数的文人画家和作品。文人画在题材上以山水、花鸟为主，强调抒发主观情趣，提出"不求形似"，"无求于世，不以赞毁挠怀"，不趋附社会大众的审美主张，借绘画以自鸣高雅，表现闲情逸趣。文人画还注重笔墨情趣及诗文书法相结合的题跋，许多画家在艺术上敢于突破陈旧成法的藩篱，注意师法自然，创造革新。在这一时期具有代表性的画家中，既有为正统文人画奉为典范的赵孟頫、"元四家"、沈周、文徵明、唐寅、董其昌及"四王、吴、恽"，又有带有鲜明个性的徐渭、陈洪绶、朱耷、石涛及"扬州八怪"。及至近现代，中国绘画在继承绘画传统的基础上，大量吸收西方绘画的表现技法，推陈出新，开创了中国绘画的新纪元。

三　流光溢彩

（一）中国书画的艺术特征

书法与绘画虽为不同的艺术形式，但在艺术精神、笔法、墨法、章法以及用具、用料方面都有极其相似之处。从功用上看，书法胜于绘画；从起源上看，两者又难分彼此。原始书法最先以图画形式出现，"造字六法"中的第一法是象形，象形字就是图画。在书画发展进程中，绘画吸收了书法的许多长处，而书法的结构章法中也有绘画意味。文人画兴起后，书法用笔在绘画中，尤其是在明清绘画中得以体现。此外，绘画中书法题款的出现也加深了二者之间的联系，绘画因此增添了更多的文人气息。

1. 书画同源

文字起源从"象形"开始，如象形文字"日"、"月"、"山"、"水"都有具体的物象，因形见字，其形就是图画。所以，在文字的原始阶段，图画是文字的主要形式。唐代张彦远说："无以传其意，故有书；无以见其形，故有画，天地圣人之意也……"明代宋濂在《画原》中说："况六书首以象形，象形乃绘事之权舆。形不能尽象而后谐以声，声不能尽谐而后会以意，意不能尽会而后指以事，事不能尽指而后转注假借之法兴焉。书者所以济画之不足者也。使画可尽，则无事乎书矣。吾故曰：书与画非异道也，其初一致也。"这段文字很明确地指出了书画同源的特点。文字与绘画在原始状态时都是为了说明某些事物，而象形字是以最简洁的绘画形式去完成文字的功能。在文字意识朦胧的状态下，书与画是联为一体的，其目的也是一致的。将书法体与绘画形式作一对比，如：泼墨——狂草，大写意——草书，小写意——行书，工笔——楷书，更加印证了书画的同源性。

2. 笔墨同韵

我国书画注重笔墨。"笔"是指字形图像的结构，"墨"是指结构的韵律。书法讲黑白，绘画重墨韵，尤其是文人画，十分讲究墨色的变化。笔墨可以说是中国书画艺术的灵魂。笔墨精良是所有优秀书画作品共有的特点。

在书法上，碑刻有形而无墨，只能从形体结构中去体验书法的节奏变化，即使是经典碑刻，没有墨韵总是遗憾。因此学习书法的人只学碑刻是不够的。墨迹带有书法家的感情色彩，情绪的波动直接影响书法的艺术魅力。王羲之的《兰亭集序》写得高迈俊逸，洒脱清远，一点一画彼此顾盼，含蓄蕴藉，柔中带刚，笔墨的悠然清晰可见。颜真卿写《祭侄文稿》时心情悲痛，因而笔墨跌宕激昂，字里行间蕴含着悼念侄子的哀痛，义愤满怀，情真意切。书为心画，笔墨线条是情感的倾诉和抒发，凭借线条墨韵，展示着书法家的胸襟。比如唐代张旭、怀素的狂草写得癫狂超凡，宋代苏轼、黄庭坚、米芾的字写得气势浩荡，元代赵孟頫的字清俊秀逸，明代王铎、傅山、徐渭的字则挥洒灵动，清代郑板桥、吴昌硕的字苍古而意新。

与书法一样，笔墨也是中国画的灵魂，绘画用笔也有中锋、侧锋之分。在中国绘画中，笔墨可分但又为一体，笔是通过墨表现笔韵，而墨则借笔留下墨痕。中国画以墨为主，以墨代色，浓淡虚实变化无穷。古代画家对用墨方法研究颇深，清代方薰在《山静居画论》中说："用墨，浓不可痴钝，湿

不可混浊，燥不可涩滞，要使精神虚实俱到。"山水、人物、花鸟，墨于物象，无所不能。近代画家李可染的水墨山水画独辟蹊径，利用墨的各种变化表现名山大川，积墨、破墨、留白、留光，笔下墨韵无限。他的画虽多为积墨，但其墨色清新温润，如《山村飞瀑图》，整幅画都以墨为主，山林树木显得格外含蓄、深邃，而且画面丰富感人，显得生机勃勃。现代山水画大师傅抱石、关山月的山水作品无一不是以墨图绘山川之景。水墨人物画家有东晋顾恺之，唐代吴道子，南宋梁楷、马远，清代黄慎、任伯年等。画水墨花卉在我国最为杰出者当数明代徐渭，其《水墨杂花图》豪放恣肆，水墨灵动，是中国水墨画中笔墨纸张结合完美、发挥极致的体现。

（二）中国书画的艺术精神

中国书画艺术内涵丰富，意蕴深厚，它是中华民族思维模式与美学精神的凝结，集中体现了中国传统文化的理性精神、和谐精神、表意精神和线韵精神。

1. 理性精神

中国书画如同音乐、舞蹈、诗歌、戏曲等其他中国艺术一样，具有鲜明而又强烈的"言志""载道"的作用。中国书画融汇了儒、释、道思想的精髓，书画家自觉地将它们融入心灵和血脉中，并且自然而然地倾注于笔端，流泻于纸绢之上，使中国文人"守善"和"心斋"的道德情感境界找到了最富于表现力的外在的美的感性形式。即使如倪瓒所说"逸笔草草，不求形似，聊以自娱"，其实也是为了在绢素之中找到一方道德修养和情感寄托的净土。

2. 和谐精神

中国书画艺术注重形式和内容的协调，讲究笔法墨色的节律变化和统一，关注布局的破立和均衡，强调书画家与描绘对象"忘我""物化"的浑然融合，重视"风行水上"的"天趣"。这些都体现了书画家追求生命向自然回归，追求自由的生存状态的精神。中国哲学的"中和"精神，在中国书画艺术中得到了充分的表现。庄子美学中的"清、虚、玄、远"，以及谢赫提出的"气韵生动"所蕴含的和谐精神，一直是中国书画追求的至高境界。

3. 表意精神

表意，是中国文化的基因，是中国传统艺术共同的表现形式。中国书画艺术不是将世界当做完全处于自己之外的客体，对其做思辨的考虑，而是以亲和的态度，结合意象，整体地、辩证地体验宇宙万物。书法和绘画要传达的便是这种整体性感受和感悟。中国书画观念中所注重的"圣人立象以尽意""画意不画形""深于画者，得意忘象"，都表现了中国书画艺术抒情表意的特点，为书画家提供了可供其自由驰骋的创作空间。

4. 线韵精神

中国书法和绘画都是以线条作为最基本的造型元素，从而使它们从本质上带有抽象意味。美学家宗白华在《美学散步》中说："中国画是线的韵律"，画家在绘画中"把形体化成飞动的线条"。从这个意义上说，书画与舞蹈、建筑一样，都有着一种"飞动之美"。而在中国书画艺术飞动的线韵背后，蕴藏着中国文化丰富的亲和性、伦理性和融会性。

四　经典荟萃

(一)《兰亭集序》——天下第一行书

《兰亭集序》是王羲之行书的代表作，被誉为"天下第一行书"。王羲之，字逸少，曾为会稽内史，领右将军，人称"王右军"，是东晋著名书法家。

王羲之七岁开始跟从当时著名的女书法家卫夫人学习书法，十二岁时由父亲传授笔法论。此后他博采众长，草书学习张芝，楷书学习钟繇，后自成一家，被后世尊称为"书圣"。

王羲之小的时候练字十分刻苦。他在练字时常常废寝忘食，甚至入迷到把手中的食物当成毛笔蘸墨写字。据说他练字用坏的毛笔堆成了一座小山，人们叫它"笔山"；他家的旁边有一个小水池，他常在这水池里洗毛笔和砚台，后来小水池的水都变黑了，人们就把这个小水池叫做"墨池"。

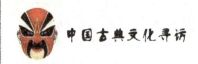

王羲之的书法站在了一个比较高的历史起点上。这时的草书经过张芝的开创，已具备了显著的形式特征，而楷书也已经在钟繇的规整和收敛中趋于灵动。王羲之在书法的形式上分别对他们二人的书法进行了创新。他在钟繇略显谨慎、收敛的楷书基础上，用自己对书法以及人生的深刻感悟，使楷书更加成熟。当然王羲之最知名的书法创作还是行书，介于楷、草之间，这是他在年纪较大的时候自创的书体。王羲之行书的最高成就就是被众人推崇备至的传奇之作《兰亭集序》。

相传《兰亭集序》作于东晋永和九年（公元353年）农历三月初三。当时王羲之邀集了四十余位亲戚朋友，在山阴（今浙江绍兴）乡间野外的兰亭聚会，其中不乏当时的书法家、诗人等社会名流。大家散布在溪水两边，把一种叫羽毛觞的轻便酒杯放在溪水水流之上，让它们随流而下，每人按顺序取酒杯饮酒作诗，这就是有名的"流觞赋诗"。就在这个聚会上，人们作出了35首诗，也喝下了不少酒。王羲之随兴即席挥毫，《兰亭集序》就这样诞生了。这是一篇在文章和书法上都堪称经典的不朽名作。据说事后王羲之曾多次抄写此文，却都不如当时所写的那一幅好。

《兰亭集序》采用行书书写，书写简易、流畅，这是相对草书的狂放和楷书的规矩而更为随意的书体。《兰亭集序》书法的艺术魅力在于它特有的变化。其用笔变化出奇，时而圆浑劲健，时而方利爽快，致使其笔画形态各异，皆随情随体而变化，无一定则。在结体上也随情而发、因势而变，其字有大小、有扁长、有疏密、有仰俯、有萧散宕逸、有轻巧凝重，错落有致而神态自然。在章法上，字与字、行与行错落有致，全篇形成一个完美的整体，最终体现出风骨爽利、姿态妍美、神情飘然、气势酣畅、起伏跌宕的奇妙韵律和超神入化的艺术特色。

据说唐太宗十分钟爱《兰亭集序》，死后把它陪葬于昭陵，《兰亭集序》真迹从此便绝迹于世。如今我们所看到的，只是唐代书家的临摹本。

（二）《清明上河图》——市井风俗画的不朽杰作

《清明上河图》是大家都很熟悉的、中国古代流传下来的最为著名的市井风俗画，作者是宋代的张择端。尽管这幅作品曾经被宣和内府所收藏，但是文人士大夫们并不重视这位画家的艺术成就和非凡的艺术才能。因此关于张择端，史籍中对他的记述很少，我们仅知道他字正道，是山东诸城人而已。但《清明上河图》的传世，却使这位被历史忽略的画家得到了应得的荣誉和历史地位。

画家在这幅巨作中描绘的是北宋首都汴梁城清明时节的情景、汴河两岸的自然风光以及人们的生活场景。这幅长卷采用典型的中国画散点透视法，用高度概括和集中的手法，容纳了极其丰富和复杂的社会生活内容。"上河"是当时人们对汴河的通俗称呼，《清明上河图》描绘的景象就是围绕这条汴河展开的。

画面从右向左逐渐展现了汴梁京郊、运河以及城区的景象，每个部分都有一个中心。卷首描绘的是春日来临的汴河郊区，树林掩映着一派田园风光，小桥流水、阡陌纵横，人们正在披上新装的绿柳之间向城市方向云集。有乘坐轿子前往的，也有赶着毛驴前去的，一派生机勃勃而又宁静祥和的气氛。顺着这些行进的人流向左逐渐展开的，是以画面中的虹桥为中心的热闹而又繁忙的运河漕运景象。随着河岸上逐渐稠密的人群，读者的目光会从河中的船只逐渐移向画面的中心。虹桥上下人群拥挤，桥上有各种小贩忙着叫卖，行人则各自顾盼；桥下船上的伙计正在手忙脚乱地搬运货物。围绕这座桥的是热闹的街市，河两岸房屋鳞次栉比，街上行人熙来攘往。卷末是城门内的市区街道，街上虽然车水马龙、人头攒动，但是画作给我们的感觉却是井然有序的升平景象。

画家采用写实的手法，细致入微地处理着庞杂的内容。画面中的很多景象都给人留下了非常深刻的印象，比如在运河的两岸出现了很有对比性的场面：河岸一边，一排拉纤的纤夫正倾着身体吃力地向前拖船；河岸的另一边则是一个正在河边观赏春色的人，身后的轿子旁还站着几位轿夫。

《清明上河图》在总计五米多长的画卷里，共绘了五百五十多个各色人物，牛、马、骡、驴等牲畜五六十匹，车、桥二十多辆，大小船只二十多

艘。画家还给这众多的人物安排了适合各自身份职业的仪式场景，而且画面构图疏密有致、节奏和谐。即使是技艺高超的电影导演要用摄影机完成这样的人物众多、场面生动活泼的镜头，也是有极大难度的，而张择端的《清明上河图》却用画笔完成了一个精彩的历史镜头。画面中房屋、桥梁、城楼等也各有特色，体现了宋代建筑的特征。《清明上河图》堪称一幅描写北宋京城社会生活和民俗风情的现实主义画卷。

（三）郑板桥——难得糊涂的画坛怪杰

清朝雍正到乾隆年间，江南扬州早已是中国经济文化相对繁荣发达的地方了，当时就有"海内文士，半在扬州"的说法。文士聚集扬州的主要原因也是因为在这个经济、文化兴旺的地方，绘画、书法这些艺术作品要好卖一些。正是在这一时期，扬州出现了一个敢于突破正统、有很强创新意识的画家群体。因为他们突破了画坛的正统，所以人们称之为"扬州八怪"。

郑板桥就是这个画家群中的一位。他名燮，字克柔，号板桥，扬州兴化人。郑板桥的一生经历读书、教书、卖画扬州、中进士及宦游，在山东范县、潍县做官和再次卖画扬州几个阶段。在艺术上，他追求属于自己的个性风格，主张师法自然和独创，以"诗书画"三绝闻名于世。其绘画以竹、兰、石为主，尤其擅长画竹。

郑板桥曾说："凡我画竹，无所师承，多得于纸窗粉壁日光月影中耳。"郑板桥几十年如一日地钻研体会竹的奥妙，他仔细地观察自然物象，注重对意象的提炼和熔铸，最终赋予意象以生命和个性，形成自己的绘画风格。他细致观察、体味竹子在不同气候、不同环境里的多种样式、态势、情趣，来丰富自己的表现。在创作方法上，郑板桥提出了著名的"眼中之竹"、"胸中之竹"、"手中之竹"三阶段论的观点，而且讲求"意在笔先"。他笔下的竹子不仅生意盎然，而且成为他自己的化身。他画中的竹不论是一丛还是几枝、迎风还是饮露、新竹还是老杆，都显现出郑板桥的孤傲、刚直、倔强不驯之气。所谓"四十年来画竹枝，坎坷挥写夜间思。冗繁削尽留清瘦，画到生时是熟时"。

对于郑板桥的书法，人们最熟悉的可能就是那幅"难得糊涂"的作品。关于这件作品的由来，还有一个故事。据说，郑板桥曾经到山东莱州观摩郑文公碑，由于痴迷碑文，流连忘返。天色已晚，郑饭桥只好到山间的一所茅屋借宿。茅屋的主人是一位老人，自称"糊涂老人"，他藏有一方桌面大小的砚台，石质细腻、镂刻精良。郑板桥大开眼界，赞叹不已。老人请郑板桥题字，以便请人刻于砚台之上。郑板桥即兴题写了"难得糊涂"四个字，后面盖上了"康熙秀才、雍正举人、乾隆进士"的方印。因砚台大，尚有余地，郑板桥就请老人写上一段跋语。老人提笔写道："得美石难，得顽石尤难，由美石转入顽石更难。美于中，顽于外，藏野人之庐，不入富贵门也。"写罢也盖了一方印章——"院试第一，乡试第二，殿试第三"。郑板桥这才知道老人是一位隐退官员。他见砚台还有空处，又提笔补写了一段文字："聪明难，糊涂难，由聪明转入糊涂更难。放一著，退一步，当下心安，非图后来福报也。"两人如遇知音，相见恨晚，遂谈文论词，畅谈人生，结为挚友。

作为一位职业画家，郑板桥对后世有着重大的影响。在1983年郑板桥诞辰290周年的时候，他的家乡兴化建起了郑板桥故居。这位晚年落魄到无立锥之地的伟大艺术家终于在他的故乡有了一个永远的归宿。

（四）齐白石——从"芝木匠"到艺术家

齐白石，名璜，字濒生，号白石，1864年出生在湖南省湘潭县杏子坞村的一户农民家庭。他小时候在读了不到一年的私塾之后，就辍学开始了砍柴放牛的村童生活。齐白石后来的一方"系铃人"的印章，镌刻的就是他对童年放牛的记忆：小时候外出放牛的时候，祖母会在他的脖子上系上一个小铃铛。当他放牛归来的时候，远远听见铃铛的响声，祖母和母亲牵挂的心也就放下了。尽管家境清贫，亲人的温暖和关爱却使齐白石的童年听上去像童话一样动人。"祖母闻铃心始欢"，这样的记忆或许更多的跟齐白石自己质朴、天真的心态相关联，但正是这样的家庭、这样的童年为他终身牵挂和钟情，成为他艺术创作的美妙源头。

十多岁的时候，齐白石开始学习木匠、雕画技术，以挣钱养家。这或许

可以说是齐白石艺术生涯的开始。据说在替一个主顾雕花的时候，齐白石无意间发现了一本五彩套印的乾隆年间刻的《芥子园画谱》，于是他花了半年的时间，一幅幅地描画谱中之图。正是在这样的喜好和钻研之下，他的雕花手艺大有长进，并且能不断地进行创新，做出一些新花样，成为当地有名的木匠。因为齐白石小名叫阿芝，所以当地人都叫他"芝木匠"。

齐白石27岁的时候，开始正式拜民间画师学艺，钻研诗、画、书、印。但是齐白石在画坛地位的真正确立，却是从他"衰年变法"开始的。1919年，齐白石举家来到北京，并且结识了当时的著名画家陈师曾。在陈师曾的激励之下，齐白石决心探求适合自己禀赋和趣味的艺术风格。经过十年的苦心研习，工笔的虫草和大写意的花卉在他的同一方艺术天地之中完美结合，形成鲜见的质朴而天真的独属于齐白石的艺术风格。

齐白石主张艺术"妙在似与不似之间"，他专长花鸟，笔酣墨饱，力健有锋；画虫则一丝不苟，极为精细；山水构图奇异不落旧蹊，极富创造精神；篆刻独出手眼，书法卓然不群，蔚为大家。齐白石作画反对不切实际的空想，他经常注意花、鸟、虫、鱼的特点，揣摩它们的精神。他曾说：为万虫写照，为百鸟张神，要自己画出自己的面目。他的题句非常诙谐巧妙，他画两只小鸡争夺一条小虫，题曰"他日相呼"。一幅《棉花图》题曰："花开天下暖，花落天下寒。"《不倒翁图》题"秋扇摇摇两面白，官袍楚楚通身黑"。齐白石在80岁之后，画虾的技术颇为精湛，令人叹为观止。齐白石的传世作品较多，著名的画作有《墨虾》《牧牛图》《蛙声十里出山泉》《棉花图》《不倒翁图》《千帆过尽图》等，还有《白石诗草》《白石印章》《齐白石作品选集》《齐白石作品集》《齐白石山水画选》等出版印行。

五　含英咀华

笔有千钧任翕张，挥洒丹青写精神。我们回溯中国书画艺术的历史，梳理书画艺术的特征，对话历代书画名家，品鉴中华书画精品，首要的目的是在这种学习中领略中国书画文化的神韵，感受中国艺术精神。比知识更重要的是方法，在学习中，我们还要重点培养欣赏书画艺术作品的方法和能力。下面，让我们把以下三个方面，作为触摸中国书画文化的起点。

（一）端详文房四宝

1. 笔

文房四宝中的毛笔是我国传统书画创作的重要工具。中国的毛笔历史悠久，据考古发掘的资料表明，仰韶文化遗址彩陶上的一些花纹就是用毛笔绘制的。春秋战国时期各国都普遍使用毛笔，但称谓不同，楚国叫"聿"，吴国叫"不律"，燕国叫"弗"。到了秦代才正式定名为"笔"，并且一直沿用至今。传说，我们现在所用的毛笔是由战国时期的秦国大将蒙恬发明的。传说蒙恬选用兔毫、竹管制笔，制笔方法是将笔杆一头镂空成毛腔，笔头毛塞在腔内，毛笔外加保护性大竹套，竹套中部两侧镂空，以便于取笔。

毛笔的分类主要是依据尺寸，也有依据笔毛的种类、来源、形状等划分的。按笔头原料可分为：胎毛笔、狼毛笔、兔肩紫毫笔、鹿毛笔、鸡毛笔、鸭毛笔、羊毛笔、猪毛笔、鼠毛笔、虎毛笔、黄牛耳毫笔等。依尺寸可以简单地把毛笔分为小楷、中楷、大楷。依笔毛的软硬度可分为软毫、硬毫、兼毫等。按用途分为写字毛笔、书画毛笔两类。依形状可分为圆毫、尖毫等。

中国的制笔业，在历史上有宣笔（安徽宣城）、湖笔（浙江湖州）两大生产加工中心。现在的上海、苏州、北京、成都等地生产的画笔也享有盛誉。目前出产毛笔最有名的地方在浙江省吴兴县善琏镇湖州，称为湖笔。

好的毛笔，都具有"尖、齐、圆、健"四个特点，使用起来运转自如。"尖"指笔毫聚拢时，末端要尖锐。笔尖则写字易出锋棱，较易传神。作家常以"秃笔"谦称自己的笔。笔不尖则成秃笔，写字绘画神采顿失。选购新笔时，毫毛有胶聚拢，很容易分辨尖秃；在检查旧笔时，先将笔润湿，将毫毛聚拢，便可分辨尖秃。"齐"指笔尖润开压平后，毫尖平齐。毫若齐则压平时长短相等，中无空隙，运笔时"万毫齐力"。因为需把笔完全润开，选购时这一点较难检查。"圆"指笔毫圆满如枣核之形，就是毫毛充足的意思。如毫毛充足则书写时笔力完足，反之则身瘦，缺乏笔力。笔锋圆满，运

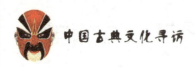

笔才能圆转如意。选购时，毫毛有胶聚拢，是不是圆满，仔细看看就知道了。"健"即指笔腰有弹力，将笔毫重压后提起，能随即恢复原状。笔有弹力，才能运用自如。一般而言，兔毫、狼毫弹力较羊毫强，书写起来坚挺峻拔。检查这一点时，可润开后将笔重按再提起，锋直则健。

选笔不仅要顾及毛笔本身的特点，也要考虑临摹的碑帖的因素。比如风格健劲的，选用健毫；姿媚丰腴的，选用柔毫；刚柔难分的，则选用兼毫。还有一点是字体大小方面，写大字用大笔，写小字用小笔。小笔写大字易损笔且不能运转自如，大笔写小字则是杀鸡用牛刀了。

2. 墨

书法家以墨书怀，字形的变化都依仗墨的使用；中国画以墨为主，墨分五色，以墨代色，离开了墨就没有中国书画。墨与毛笔产生于差不多的时代，殷商时代的甲骨文中已有墨迹，不过那时的墨只是一种天然石墨。我国的人工制墨大约始于战国时代，从出土的当时的竹木简来看，那时墨的质量已达到了一定的水平。随着汉代制墨规模的扩大，制墨作坊的规模也越来越大。三国时的书法家韦诞是我国有文字记载的最早的制墨名家。随着时间的推移，到汉魏以后，我国的制墨技术越来越发达。到宋朝时，徽州成了全国的制墨中心，这里产的"徽墨"名扬天下，制墨名家辈出，"胡开文"、"曹素功"至今仍声名不衰。

书画用墨十分讲究，墨分"油烟"和"松烟"两种，油烟墨用桐油或添烧烟加工而成；松烟墨用松枝烧烟而成。油烟墨的特点是色黑亮、有光泽，松烟墨的特点是色乌、无光泽。画画多用油烟，但工笔人物画中人物的头发、衣服用松烟墨画效果好；书法用墨也是以油烟为主。墨一般制为墨锭，墨泛青紫光最好，黑色次之，泛红黄光或白色最差。古代书画家在作书作画前都要亲自磨墨，墨中含有香料，清水研墨，清香四溢，满屋皆有清幽淡雅书卷之香气，利于书画家凝思熟虑，聚精提神。

3. 纸

纸是一种重要的书写材料，它是用植物类纤维加工制作而成。在没有纸的古代，人们把文字刻或书写在龟甲、兽骨、竹片、绢帛上。随着时间的推移，这样的书写材料显然不能满足社会发展的需要。西汉时期发明了造纸术，东汉时期蔡伦改进了造纸术，但开始时并未得到广泛应用，简牍、缣帛仍然流行。至汉献帝时，东莱人左伯对以往的造纸方法作了改进，提高了纸张的品质，所造纸张洁白、细腻、柔软、匀密、色泽光亮，世称"左伯纸"。隋唐时，纸张在不断的改良中得以完善，于是宣纸诞生了。宣纸的产地在安徽宣州。曾有传说：蔡伦的徒弟孔丹在皖南以造纸为业。他想造白纸，替师傅画像修谱，但多次尝试皆不如意。一次，他偶然在山里看见檀树倒于涧旁，因年深日久，被水浸蚀得腐烂发白。他用此树皮造纸，终获成功。用树皮造宣纸，在唐代较为盛行。唐代的硬黄纸，五代和北宋时的澄心堂纸等，都属于熟宣纸一类。嗣后中国书画家一直用宣纸写字作画。宋代以后，造纸技术日益提高，纸的品种越来越多，纸张质量也得到大幅提高。

4. 砚

砚又称为砚台、砚池等，它是磨墨时不可缺少的工具。砚一般是用石头或是耐磨材料制作的。砚的最早生产年代目前尚难确定。据考古资料记载，新石器时代就有了研墨工具。但据《西京杂记》中的相关记载，砚始于汉代，主要是用瓷、陶、瓦等材料制作，外形如同盘子。磨墨不是直接用手拿墨在砚上磨，而是另用一块研石，将墨压在砚台上研磨。到了唐朝，随着制砚技术的改进，出现了石砚，并出现了名盛天下的端砚、歙砚等名砚。到了清朝，砚台趋渐工艺化，除了实用之外，还有了收藏、观赏的价值。

最著名的砚是广东肇庆的端砚、安徽的歙砚、山东的鲁砚、江西的龙尾砚、山西的澄泥砚。砚台的讲究是：质地细腻、润泽净纯、晶莹平滑、纹理色秀、易发墨而不吸水。砚需常洗，每发墨必须砚净水新。墨锭则愈古旧愈好，因时间愈久其胶自然消解；但水不能储旧，而必须加新。如恐砚台沾油，洗时可用莲蓬或旧茶叶刷涤。加水以微温为好，切勿加滚烫的热水，以防砚台爆裂。所以写字的人不但应懂得用砚，还应会养砚。

笔、墨、纸、砚各有各的用途，各有各的讲究。所谓"名砚清水，古墨

新发，惯用之笔，陈旧之纸"，合起来是一套，再写出我们的文字，绘画出中国画，综合成为我们独特的传统书画艺术。中国的文房四宝，不仅供文人使用和欣赏，而且越来越得到世人的瞩目和珍爱。

（二）纵谈书法百家

根据书体种类，搜集自己喜欢的书画家的生平、代表作品及生活趣事，分组进行研讨交流。现举一例参考：

颜真卿的艺术人生

颜真卿（公元709～785年），字清臣。祖籍琅邪临沂（今山东临沂），家居京兆万年（今陕西西安市）。是继钟繇、王羲之以后出现的又一位伟大的书法家。

据说，为了学习书法，颜真卿起初向褚遂良学习，后来又拜在张旭门下。张旭是唐代首屈一指的大书法家，各种字体都会写，尤其擅长草书。颜真卿希望在这位名师的指点下，很快学到写字的窍门，从而一举成名。但拜师以后，张旭却没有透露半点书法秘诀。他只是给颜真卿介绍了一些名家字帖，简单地指点一下字帖的特点，让颜真卿临摹。有时候，他带着颜真卿去爬山、游水，去赶集、看戏，回家后又让颜真卿练字，或让他挥毫疾书。

转眼几个月过去了，颜真卿得不到老师的书法秘诀，心里很着急，他决定直接向老师提出要求。

一天，颜真卿壮着胆子，红着脸说："学生有一事相求，请老师传授书法秘诀。"

张旭回答说："学习书法，一要'工学'，即勤学苦练；二要'领悟'，即从自然万象中接受启发。这些我不是多次告诉过你了吗？"

颜真卿听了，以为老师不愿传授秘诀，又向前一步，施礼恳求道："老师说的'工学'、'领悟'，这些道理我都知道了。我现在最需要的是学习老师行笔落墨的绝技秘方，请老师指教。"

张旭还是耐着性子开导颜真卿："我是见公主与担夫争路而察笔法之意，

见公孙大娘舞《西河剑器》而得落笔神韵，除了苦练就是观察自然，别的没什么诀窍。"

接着他给颜真卿讲了晋代书圣王羲之教儿子王献之练字的故事，最后严肃地说："学习书法要说有什么'秘诀'的话，那就是勤学苦练。要记住，不下苦功的人，不会有任何成就。"

老师的教诲使颜真卿大受启发，他真正明白了为学之道。从此，他扎扎实实勤学苦练，潜心钻研，从生活中领悟运笔神韵，进步很快，终成为一位大书法家。

颜真卿被世代推崇的是书法，其实他在起伏的政治生涯中所作出的努力，也是被人称道的。颜真卿在唐开元（公元713～741年）年间中进士，登甲科，曾4次被任命为监察御史，后迁殿中侍御史。后因受到当时的权臣杨国忠排斥，被贬黜到平原（今属山东）任太守，因此被人称颜平原。肃宗时至凤翔授宪部尚书，后迁御史大夫。代宗时官至吏部尚书、太子太师，封鲁郡公，又被人称"颜鲁公"。

唐天宝十四年（公元755年），平卢、范阳、河东三镇节度使安禄山发动叛乱。颜真卿联络从兄颜杲卿起兵抵抗，附近十七郡相应。他被推为盟主，合兵二十万，使安禄山不敢急攻潼关。德宗兴元元年（公元784年），淮西节度使李希烈叛乱，颜真卿被俘。当时的奸相卢杞欲借李希烈之手杀害他。李希烈让士兵在院子里掘了一个一丈见方的土坑，扬言要把颜真卿活埋。第二天，李希烈来看他，颜真卿对李希烈说："我的死活已经定了，何必玩弄这些花招。你把我一刀砍了，岂不痛快！"过了一年，李希烈自称楚帝，又派部将逼颜真卿投降。士兵们在关禁颜真卿的院子里堆起柴火，浇足了油，威胁颜真卿说："再不投降，就把你放在火里烧！"颜真卿二话没说，纵身就往火里跳去，叛将们把他拦住，向李希烈汇报。公元785年8月23日，李希烈想尽办法也没能使颜真卿屈服，就派人将其缢杀，终年77岁。闻听颜真卿遇害，唐三军将士纷纷痛哭失声。

颜真卿的楷书结体宽博而气势恢弘，骨力遒劲而气概凛然。这种风格也体现了大唐帝国繁盛的风度，并与他高尚的人格契合，是书法美与人格美完美结合的典例。他的书体被称为"颜体"，与赵孟頫、柳公权、欧阳询并称"楷书四大家"，与柳公权并称"颜柳"，有"颜筋柳骨"之誉。颜体对后世书法艺术的发展产生了深远影响，唐以后的很多名家都从颜真卿的书法中汲取经验；尤其是行草，唐以后一些名家在学习"二王"的基础之上再学习颜真卿，而建树起自己的风格。苏轼曾说："诗至于杜子美，文至于韩退之，画至于吴道子，书至于颜鲁公，而古今之变，天下之能事尽矣。"

（三）欣赏传世名画

欣赏书画艺术要分清书画艺术的三个层次。第一层次是艺术语言，它是作品外在的形式结构，是由声音、形体、画面、色彩、线条及语言文字等所构成的层次。第二层次是艺术形象，它是作品通过艺术语言所表现出来的物态化形式，是艺术家的审美意象的外在表现形式。第三层次是艺术意蕴，这是深藏在艺术作品中的精神内涵层次。下面，让我们来欣赏齐白石的画作《蛙声十里出山泉》。

《蛙声十里出山泉》是齐白石的一幅重要作品，仅它的创作过程就非同一般。一天，文学家老舍先生到画家齐白石先生家做客。他从案头拿起一本书，随手翻到清代诗人查慎行的一首诗，有意从诗中选取一句"蛙声十里出山泉"，请齐白石用绘画去表现听觉器官感受到的东西。老舍先生的命题确实有一定的难度，齐白石接受后，经过几天的认真思考，凭借自己几十年的艺术修养，

《蛙声十里出山泉》

以及对艺术的真知灼见，终于完成了"任务"，把"蛙声"这一可闻而不可见的特定现象，通过酣畅的笔墨表现出来。当老舍先生打开齐白石的画后不禁拍案叫绝。画面上，在远山的映衬下，一道急流从山涧的乱石中泻出，六只蝌蚪在急流中摇曳着小尾巴顺流而下，它们不知道已离开了青蛙妈妈，还活泼地戏水玩耍。人们可以从稚嫩的蝌蚪联想到画外的蛙妈妈，因为失去蝌蚪，它们还在大声鸣叫。虽然画面上不见一只青蛙，却使人隐隐如闻远处的蛙声正和着奔腾的泉水声，演奏出一首悦耳的乐章，连成蛙声一片的效果。白石老人以诗人的素养、画家的才气、文人的气质创造了如此优美的意境，把诗情画意融为一体，准确地表现了"蛙声十里出山泉"的内涵，达到了中国画"诗中有画、画中有诗"的至高境界。

六　牛刀小试

（一）陆游说过"纸上得来终觉浅，绝知此事要躬行"。初步了解了中国书画文化之后，很多同学都跃跃欲试，或写字，或绘画，试图一展身手。请以班级为单位，举办一个书画展，把自己的成果与同学分享吧。

（二）以中国书法和中国绘画为基本元素，设计本学校、本班级或本专业的徽标。

（三）在某个特定节日，你自编一副祝福对联，并用毛笔书写出来，送给亲朋好友，一定会给他们一个惊喜。同桌之间互相交流一下，看谁的对联编得巧，字写得棒。比如教师节，有同学给不同学科的老师编写了几幅对联，成为送给老师的最好节日礼物。

1. 教传授皆在三尺讲台，政史地笑看五洲风云（政治、历史、地理组）

2. 逻辑世家，尺规天下（数学组）

3. 弹指间皆为神机妙算，放眼处全是海阔天空（计算机组）

4. 跳出热情，舞出风采（舞蹈组）

（四）为自己的博客或 QQ 空间设计一个背景，要体现出中国书画艺术特色。

【参考资料】

［1］田宝锋、陆云达：《寻找精神家园》，中国社会出版社，2005。

［2］徐复观：《中国艺术精神》，华东师范大学出版社，2001。

［3］王琪森：《中国艺术通史》，江苏文艺出版社，1999。

［4］柏华：《古典之美》，新华出版社，2000。

第七章
诗风词韵传千古，抒情言志竞风骚

——中国古典诗词文化

一 柴扉小扣

黄河远上白云间，一片孤城万仞山。

羌笛何须怨杨柳，春风不度玉门关。

众所周知，这是盛唐诗人王之涣的名作《凉州词》。这首脍炙人口、传诵千古的七言绝句，传说曾被清朝的纪晓岚改写成一首词：

黄河远上，白云一片，孤城万仞山。羌笛何须怨，杨柳春风，不度玉门关。

一首《凉州词》，仅动一字和几个标点，就变成了两种不同的诗体。再如大家熟知的杜牧的七言绝句《清明》，也曾被人改编成一首五言绝句：

清明时节雨，行人欲断魂。酒家何处有，遥指杏花村。

也曾被改写成一首词：

清明时节雨，纷纷路上行人，欲断魂。借问酒家何处？有牧童遥指，杏花村。

更有甚者，有人还把这首诗改编成剧本：

［清明时节］

［雨纷纷］

［路上——］

行人（欲断魂）：借问酒家何处有？

牧童（遥指）：杏花村！

作为世界上开创文明最早的古老国度之一，中国是一个诗歌的国度，那古朴的《诗经》，浪漫的《楚辞》，朴实无华的汉代乐府，还有处于文学巅峰的唐诗、宋词，天才诗人们所创作的无数诗篇犹如满天繁星，璀璨夺目，精彩纷呈，照耀今古。他们的诗歌感动着一代又一代中华儿女的心灵。唐代诗人李白的《静夜思》、孟郊的《游子吟》，曾经打动过多少海内外的炎黄子孙？中国也是一个有着悠久诗教历史的国家，诗歌的节奏始终激荡在我们民族的血脉中。诗不仅是我们这个民族日常生活的一部分，同时也是我们抒发情感的最佳方式，连接情感的最佳纽带。下面，就让我们一起走进古典诗词的世界，领略中国诗词文化的深邃意蕴吧。

二　回眸远望

中国诗词产生于文字发明之前，它是在原始歌谣的基础上逐渐形成和发展起来的，最初的表现形式是诗歌、音乐、舞蹈三位一体的。

辽阔的中国大地孕育了瑰丽多彩的文学宝库。在北方，黄河从平坦的中原大地上流过，宜人的气候、肥沃的土壤哺育了性情淳朴、乐观勤劳的人民。他们的劳作、爱情、生活化为《诗经》中优美的诗句，《诗经》朴实而清晰的叙事风格成为中国现实主义文学传统的源头。往南走，越过天堑长江，水草丰美的大地上生活着中华民族的另一群祖先。南方大地上生长着如神话传说中一般的鸟兽花草，它们滋润着人们的想象力，也造就了先民浪漫多情的气质。楚地的山水酝酿出楚辞。楚辞打破了《诗经》的四言形式，从三、四言发展到五、七言；在创作方法上，它吸收了神话的浪漫主义精神，开辟了中国浪漫主义文学的先河。

到了汉代，出现了一种新的诗歌形式——汉乐府民歌。在流传下来的100多首汉乐府民歌中，最著名的是长篇叙事诗《孔雀东南飞》。曹操父子及"建安七子"继承了汉乐府民歌的现实主义传统，在诗歌创作中传达了时代精神，具有慷慨悲凉的阳刚气概，掀起了第一次文人诗歌的高潮。

两晋时期的诗歌创作逐渐走上了形式主义道路，内容空洞无物，直到东晋末年的陶渊明才给诗坛带来新鲜的空气。不肯"为五斗米折腰"的陶渊明把田园生活作为重要的创作题材，为古典诗歌开创了一个新境界。与陶渊明差不多同时代的谢灵运是开创山水诗派的第一人，其诗中有不少自然清新的佳句，如写春天的"池塘生春草，园柳变鸣禽"（《登池上楼》），写秋色的"野旷沙岸净，天高秋月明"（《初去郡》），写冬景的"明月照积雪，朔风劲且哀"（《岁暮》）等等。南北朝时期的乐府民歌也很兴盛，民歌篇幅短小，最有名的是长篇叙事诗《木兰诗》，它与《孔雀东南飞》并称"乐府双璧"。

　　唐代是诗歌高度繁荣的黄金时代。在唐代近三百年的时间里，留下了近五万首诗歌，独具风格的著名诗人就达五六十人。王勃、杨炯、卢照邻、骆宾王是唐诗开创时期的主要诗人，被称为"初唐四杰"。在"初唐四杰"的创作中，五言八句的律诗形式初步定型。盛唐时期是诗歌繁荣的顶峰，这个时期除了李白、杜甫之外，还有很多著名诗人，他们大致可分为两类。一类是以孟浩然和王维为代表的山水田园诗人，以描写自然风光、农村景物以及安逸恬淡的隐居生活见长，诗境隽永优美，风格恬静淡雅，语言清丽洗练。代表作有王维的《汉江临泛》、孟浩然的《过故人庄》、张若虚的《春江花月夜》等。另一类是以高适和岑参为代表的边塞诗人，以描绘边塞风光、反映戍边将士生活为主，其诗作情辞慷慨、气氛浓郁、意境雄浑，多采用七言歌行和七言绝句的形式，杰出作品如高适的《燕歌行》、岑参的《走马川行奉送封大夫出师西征》等。中唐时期的诗歌以表现社会动荡、人民疾苦为主流。白居易是这一时期最杰出的诗人，他的诗浅显易懂，据说连不识字的老太太都能理解，《长恨歌》《琵琶行》《赋得古原草送别》《钱塘湖春行》《暮江吟》《忆江南》是其代表作。晚唐时期的诗歌感伤气氛浓厚，代表诗人是杜牧、李商隐，人称"小李杜"。杜牧的诗以七言绝句见长，于清丽的辞采、鲜明的画面中见俊朗的才思，《江南春》《山行》《泊秦淮》《过华清宫》是其代表作。李商隐以爱情诗见长，尤其是他的《无题》诗，给后人留下了无穷的解读空间，"相见时难别亦难"的无奈，"心有灵犀一点通"

的默契，在他的笔下入木三分。

诗歌发展到宋代已不似唐代那般辉煌灿烂，却有它独特的风格。唐诗空灵，宋诗扎实；唐诗重朦胧含蓄的整体意象，宋诗重诗歌的思路内容；唐诗是诗人作诗，以一种不可言传的感觉取胜；宋诗是学者作诗，以日积月累的学问取胜。最能体现宋诗特色的是苏轼和黄庭坚的诗，而陆游"六十年间万首诗"，也在宋代诗坛上举足轻重，其饱含爱国情绪的诗篇使人心潮澎湃。

词源于唐代。唐末的温庭筠是第一个致力于作词的人，他的词因词藻华丽、脂粉气太浓被后人称为"花间词"。宋词的发展共分为三个阶段：第一个阶段，晏殊、张先、晏几道、欧阳修等承袭"花间词"风格，是由唐入宋的过渡；第二个阶段，柳永、苏轼在形式与内容上所进行的开拓以及秦观、贺铸等人的艺术创造，促使宋词出现多种风格竞相发展的繁荣局面；第三个阶段，周邦彦在艺术创作上的集大成，体现了宋词的深化与成熟。柳永把宋词的题材由宫廷深闺转向了市井民间，"衣带渐宽终不悔，为伊消得人憔悴"已经没有矫情的哀怨，充溢着的是不达目的决不罢休的执著。到了苏轼，词的题材又得以进一步发展，怀古伤今的内容进入了他的词作之中。宋朝经常面临国破家亡的危局，诗词作品多表现爱国之情。辛弃疾是爱国词人的代表人物。在两宋词坛上，李清照的词独具风格，她以其女性身份和特殊经历写词，塑造了前所未有的个性鲜明的女性形象，从而扩大了传统婉约词的情感深度和思想内涵。她还善于从书面语言和日常口语里提炼出生动流畅的语言，善于运用白描和铺叙手法，构成浑然一体的境界。她的词风被后人称为"易安体"。

在元代流行的诗歌形式是散曲。散曲分小令和套数两类，套数又称套曲。小令只是一首曲，而套数则是由几首曲组成。曲的形式接近于词，它与词的主要区别在于用韵上比较灵活，也比词更口语化。

明代诗歌是在拟古与反拟古的反复中前行的，没有杰出的作品和诗人出现。清代诗词流派众多，但大多数作家均未摆脱拟古主义和形式主义的套子，难有超出前人之处。清末龚自珍以其先进的思想，打破了清中叶以来诗坛的沉寂，领近代文学风气之先。他的诗常着眼于社会、历史和政治的观点来揭露现实，使诗成为现实社会的批判工具。后来的黄遵宪、康有为、梁启超等新诗派代表更是将诗歌直接用做资产阶级改良运动的宣传载体。五四文学革命中，自由体白话诗的出现掀开了中国诗歌崭新的一页。

关于中国古典诗歌的发展历程，启功先生有句评语十分中肯："唐以前的诗是长出来的，唐诗是嚷出来的，宋诗是想出来的，宋以后的诗是仿出来的。"这基本符合中国诗歌发展的实情：唐代以前是中国诗歌的发轫期，自然天籁，朴拙浑成；唐代是中国诗歌的黄金期，直抒胸臆，而又各具面目；宋代是中国诗歌的转型期，思辨机趣，融情入理；宋代以后中国诗歌流派繁多，然而缺乏原创。

三 流光溢彩

中国古典诗词无论在思想上或艺术上都取得了巨大的成就。那些表现诗人人格魅力、高尚情操、智慧理性的作品，对我们产生着深刻的思想启迪和道德熏陶作用；那些情景交融、意境优美的妙诗佳词，在培养我们健康的审美情趣、提高我们的文化艺术修养方面，起着潜移默化的影响。从艺术鉴赏的角度来看，古典诗词的艺术特征千姿百态，很难对其艺术成就进行全面的概括和总结。在此仅从意境美和语言美两个方面，作为了解古典诗词的切入点。

（一）意境美

意境是从我国抒情文学创作传统中锤炼出来的审美范畴，也是鉴赏诗词首先要了解的核心概念。所谓意境，是指作品中所描绘的生活画面及其所表现的思想感情融合而形成的一种整体艺术氛围，是指艺术形象或情境中呈现出的情景交融、虚实相生、韵味无穷的艺术境界。它是主体情感与客观物象的有机统一，在有限的艺术形象中体现出无限的意蕴。中国古典诗词的意境美表现为以下三个特点。

1. 情景交融

王国维在《宋元戏曲史》中写道："何以谓之有意境？曰：写情则沁人心脾，写景则在人耳目，述事则如其口出是也。古诗词之佳者，无不如是。"有意境的诗词都是情景交融的作品，如杜甫的《登高》的前四句："风急天高猿啸哀，渚清沙白鸟飞回。无边落木萧萧下，不尽长江滚滚来。"它像是一组境头，只有景物转换而不见人，但却无处不在写人；尤其是后两句写江边秋景，气象阔大。诗人将三峡具有秋季特征的典型景物捕捉入诗，不但形象鲜明，使人读了如身临其境，而且所展示的境界雄浑高远，饱含了诗人的无穷情思，形成了情景交融、和谐统一的艺术整体。有的诗词表面看来全是写景，实际上是寄情于景。韦应物的《滁州西涧》："独怜幽草涧边生，上有黄鹂深树鸣。春潮带雨晚来急，野渡无人舟自横。"四句全是写景，但在写景中，也寄托着对西涧春景的喜爱。再如辛弃疾的《清平乐》："茅檐低小，溪上青青草。醉里吴音相媚好，白发谁家翁媪？大儿锄豆溪东，中儿正织鸡笼，最喜小儿无赖，溪头卧剥莲蓬。"这首词描写了普通农家的生活场景，除"谁家"的发问和"最喜"的流露，都是对生活场景的描写，表面看来，作者没表示态度，但在对生活场景的描写之中，寄寓着作者对农家生活的热爱。

2. 虚实相生

何谓虚实？宋人范晞文在《对床夜话》中说："不以虚为虚，而以实为虚，化景物为情思。"也就是说将心情物化，用具体有形的景物状态表达抽象的无形的心理状态。中国古典诗歌中就有很多这样的例子。汉乐府的《陌上桑》这样描写罗敷的美丽："行者见罗敷，下担捋髭须；少年见罗敷，脱帽著帩头；耕者忘其犁，锄者忘其锄；来归相怨怒，但坐观罗敷。"对罗敷的美丽不直接描写，而是通过"行者"、"少年"、"耕者"、"锄者"这些旁观者见到罗敷后的反应来表现；不但王孙公子，连普通农夫也被她深深吸引，可见罗敷美貌惊人。这种化虚为实的手法，起到了意想不到的艺术效果。在李煜的《虞美人》中，"问君能有几多愁？恰似一江春水向东流"，看不见的"愁"竟物化为一江滔滔东流的"春水"，诉不尽的是作者在特定时空的感受。在李清照的《武陵春》中，"只恐双溪舴艋舟，载不动，许多愁"，流落异乡、无依无靠、处境凄苦的李清照又把"愁"搬上了船，于是"愁"竟有了重量，不但可随水而流，并且可以用船来载。只是她痛苦太大、哀愁太深，岂是泛舟一游所能消释？秦观的《浣溪沙》中的"自在飞花轻似梦，无边丝雨细如愁"，描写女主人公在恼人的春寒中醒来，那仍在飘动的残梦勾起细微的寂寞和淡淡的哀愁。女主人公那难以摹状的残梦和春愁，通过词人笔下的"自在飞花"与"无边丝雨"两个鲜活的意象就生动、具体地表现出来了。

3. 韵味无穷

有意境的作品，也都是韵味深远的作品。例如陈子昂的"前不见古人，后不见来者，念天地之悠悠，独怆然而涕下"，并没有很具体的形象，但因在诗中表现了"心事浩茫连广宇"的无穷时空感，透露出诗人"壮志难酬"和"生年不满百，常怀千岁忧"的深沉复杂心情，它的意蕴就非常丰富，令人回味无穷。至于李商隐以《锦瑟》为代表的"无题诗"，更是通过既鲜明又朦胧的意象，曲折地表现了一种错综复杂的情思，可算是意境深远的典型之作了。

（二）语言美

文学是语言的艺术，而诗歌又是文学中最精粹的语言艺术。要在短小的篇幅内表现丰富的内容，诗词的语言必须凝练生动；要创造传达出含蓄隽永的艺术境界，诗词语言必须富于形象性和表现力。古典诗词中的许多佳作名句流传千古，其艺术魅力久盛不衰，固然有内容、技法乃至风格等因素，但都必先得力于语言的表现。

1. 语言凝练

古典诗词语言的凝练美主要表现在用词精炼、言简意赅上。古人写诗填词，讲究炼字。王安石在创作"春风又绿江南岸"一句时，对"绿"字的斟酌传为佳话。王国维在《人间词话》中说："'红杏枝头春意闹'，著一

'闹'字而境界全出，'云破月来花弄影'，著一'弄'字而境界全出。"一个"闹"字把诗人心头感到的蓬勃春意写出来了，一个"弄"字把诗人欣赏月下花枝在轻风中舞动的美写出来了。诗是字字写，也要字字读。了解诗词语言凝练的特点，抓住诗词中的关键字句，一方面可以体味诗人创作时的艰辛与欢愉，另一方面也有助于我们对整首作品的理解与鉴赏。如《红楼梦》第48回写香菱读王维的"大漠孤烟直，长河落日圆"诗句后的感想："想来烟如何直？日自然是圆的。这'直'字似无理，'圆'字似太俗。合上书一想，倒像是见了这景的。要说再找两个字换这两个，竟再找不出两个字来……"香菱的话道出了王维用词的确切和形象，这两句诗像一幅巨大的风景画，形象地描绘了塞外辽阔苍凉的景象。"直"字展现一种挺拔坚毅之美；落日之圆，衬托在万里戈壁的背景之上，给人以苍茫之感。"直""圆"二字将直线之美与浑圆之美融为一体，画面壮观，其他的字确实难以代替。

2. 讲究韵律

古代诗歌是合乐的。《尚书·舜典》说："诗言志，歌咏言，声依韵，律合声。"早期的四言、五言、七言古诗，虽无格律要求，但必须押韵。到了唐代，产生了律诗和绝句，也就是所谓的格律诗。这种新诗体在句数、字数、平仄、韵脚、对仗等方面都有一定的格式和规律。格律诗成为中国古代诗歌的基本形式，词、曲在格律上要求也如此。其基本要求为平仄、押韵、对仗等。平仄指两种不同的声调，将其不同声调平仄相间，协调搭配，以形成节奏和旋律；押韵指在偶句句末采用韵母相同的字，以体现出特定的声情气韵；对仗即对偶，每联的出句与对句之间同类词两两相对，名词对名词，动词对动词，方位词对方位词，如《笠翁对韵》中"天对地，雨对风。大陆对长空，山花对海树，赤日对苍穹"等等。古典诗词的"平仄""押韵""对仗"等要求，大大增加了诗词语言的表现力。诗词的对仗表现为诗句形式的建筑美，而押韵和平仄则在听觉上造成诗的音乐美。节奏鲜明的诗词具有抑扬顿挫、回环往复的韵致，读来朗朗上口，听来泠泠入耳，沁人心脾，豁人耳目。

四　经典荟萃

（一）《诗经》和《楚辞》——铸就了中国古典诗词的风骚传统

1.《诗经》

"关关雎鸠，在河之洲。窈窕淑女，君子好逑。参差荇菜，左右流之。窈窕淑女，寤寐求之。求之不得，寤寐思服。悠哉悠哉，辗转反侧。参差荇菜，左右采之。窈窕淑女，琴瑟友之。参差荇菜，左右芼之。窈窕淑女，钟鼓乐之。"——这首《关雎》写一个青年男子对"淑女"的追求，他得不到"淑女"时心里苦恼，翻来覆去睡不着觉；得到了"淑女"就很开心，叫人奏起音乐来庆贺，并以此让"淑女"快乐。以前常把这诗解释为"民间情歌"，但我们认为它不仅仅是对爱情的表达，更是对古代社会伦理观念和道德准则的表达，即"淑女"要配"君子"，美貌要与德才相结合，推举的是一种美与才、容与德并举的伦理规范和道德风尚。

"蒹葭苍苍，白露为霜。所谓伊人，在水一方！溯洄从之，道阻且长。溯游从之，宛在水中央。蒹葭萋萋，白露未晞。所谓伊人，在水之湄。溯洄从之，道阻且跻。溯游从之，宛在水中坻。蒹葭采采，白露未已。所谓伊人，在水之涘。溯洄从之，道阻且右。溯游从之，宛在水中沚。"——诗人在一个深秋的早晨，来到一条长着芦苇的大河边，访寻他心爱的人，而那人却行踪不定、可望而不可即。于是他找呀找呀，从"白露为霜"的黎明，找到"白露未晞""白露未已"的午前，在长着芦苇的秋水边奔波，徘徊良久。通过对这种访求过程的描写，不仅表现了诗人对"伊人"的一往情深，而且写出了他的欲见不得的焦急和怅惘的心情。全诗缘景生情，情景相生，意到境成，清寥空灵的深秋之景与怅惘迷茫的怀人之思浑然无间，构成了全诗的艺术境界，给人一种真切自然而又朦胧迷离的美感。

以上两首诗歌都出自我国第一部诗歌总集《诗经》。《诗经》收录了从西周初期至春秋中叶大约500年间的诗歌305篇。先秦时期称之为"诗"或"诗三百"，西汉时被尊为儒家经典，始称"诗经"，并沿用至今。

《诗经》的体例按照音乐性质的不同分为风、雅、颂三类。"风"包括15国风，共160篇，大部分是民歌，其中有的揭露讽刺统治者的剥削和压迫，有的反映劳动人民的反抗精神和对美好生活的向往，还有大量反映农业生产和歌唱爱情等内容的作品，这是《诗经》中的精华部分。"雅"分为《大雅》和《小雅》，共105篇，是宫廷聚会时的乐歌。《大雅》中不少作品叙述了周代祖先的重要史迹，保存了我国最早的一些史诗。《小雅》大部分是贵族文人写的政治讽喻诗，有揭露和讽刺现实的成分；其余的属于歌谣，表达对国家命运的关心和对人民的同情。"颂"又分为《周颂》、《鲁颂》和《商颂》，共40篇，是宗庙祭祀时唱的舞曲歌词，内容多是歌颂祖先的功业，具有一定的史料价值，但文学成就不高。

《诗经》中的诗歌以四言为主，多采用双声叠韵、叠字连绵词来状物、拟声、穷貌，经常采用重章叠句的形式，每一章只变换几个字，回环往复，一唱三叹，却能收到回旋跌宕的艺术效果。《诗经》最主要的表现手法是赋、比、兴，它大大增强了诗歌的艺术表现力。不少诗篇描写生动形象，语言朴素优美，音律和谐自然，富有强烈的艺术魅力。

《诗经》是我国现实主义文学的光辉起点，在中国以至世界文化史上都占有重要地位。它奠定了我国古典诗歌的现实主义传统，对后世文学产生了不可磨灭的影响。

2. 《楚辞》

端午节赛龙舟、吃粽子、挂艾草的习俗据说与爱国诗人屈原有关。屈原（约公元前339～约前278年）出身于楚国贵族。他初任楚怀王的左徒、三闾大夫，后因主张彰明法度、举贤授能、联齐抗秦，受人陷害而被革职。顷襄王时，屈原被放逐，发出了"路漫漫其修远兮，吾将上下而求索"的誓言。可惜他无力挽救楚之危亡，又无法实现政治理想，遂投汨罗江而死。百姓不忍屈原死去，于是划龙舟争先恐后去救他；当救援无望时，人们往江中投放粽子以免屈原葬身鱼腹，家家门前挂艾草以纪念屈原的爱（"艾"与"爱"同音）国。

屈原诗歌的代表作是《离骚》，它气势恢弘，感情奔放，文采飞扬，特别是想象之瑰丽浪漫与意境之幽深丰满互为映衬，常常交织成一幅幅生动多彩、引人入胜的画面，如："朝饮木兰之坠露兮，夕餐秋菊之落英；苟余情其信姱以练要兮，长颇颔亦何伤？揽木根以结茝兮，贯薜荔之落蕊。矫菌桂以纫蕙兮，索胡绳之纚纚。""朝发轫于苍梧兮，夕余至乎县圃。欲少留此灵琐兮，日忽忽其将暮。吾令羲和弭节兮，望崦嵫而勿迫。路漫漫其修远兮，吾将上下而求索。"

屈原

第一段中，诗人通过描绘自己的朝饮夕餐与佩戴装饰，表现了自己高洁的情操，文字优美秀逸；而第二段则气魄宏大，动感强烈。诗人充分施展其善于想象的特长，驰骋于天上人间，幻想着朝发而夕至，并要太阳神缓辔徐行，以便他去上下求索。诗人把只有在原始神话中才能出现的那种无羁的浪漫想象，与只有在理性觉醒时刻才能有的个体人格和情操完美地熔铸成有机整体。由是，它成为中国抒情诗无可比拟的典范。

《离骚》代表着一种新的诗体出现，那就是"楚辞"。"楚辞"其本义是指楚地的言辞，后来逐渐固定为两种含义：一是诗歌的体裁，一是诗歌总集的名称。从诗歌体裁来说，它是战国后期以屈原为代表的诗人在楚国民歌基础上开创的一种新诗体；从总集名称来说，它是西汉刘向在前人基础上辑录的一部"楚辞"体的诗歌总集。

楚辞的主要作者是屈原。在屈原的影响下，楚国又产生了宋玉、唐勒、景差等楚辞作者。现存的《楚辞》总集中，主要是屈原及宋玉的作品，唐勒、景差的作品大都未能流传下来。

楚辞体的特点是结构宏伟、想象丰富、句式灵活。它打破了《诗经》那种以整齐的四言句为主、简短朴素的体制，创造出句式参差、篇幅宏大、形

式多样、内涵丰富的"骚体诗"。《楚辞》中的作品因运用楚地的文学样式、方言声韵，叙写楚地风土物产等，具有浓厚的地方色彩，富有抒情成分和浪漫气息。

楚辞对后世文学影响深远，不仅开启了后来的赋体，而且影响着历代散文创作，是我国积极浪漫主义诗歌创作的源头。它的出现，打破了《诗经》以后的两三个世纪的沉寂而在诗坛上大放异彩。后人因此将《诗经》与《楚辞》并称为风、骚，并以"风骚"泛指文学。

（二）李白和杜甫——中国诗歌史上的"双子星座"

李白和杜甫被称为我国诗歌史上的"双子星座"，一个具有"清水出芙蓉，天然去雕饰"的自然飘逸之美，一个具有"致君尧舜上，再使风俗淳"的沉郁顿挫之美。他们在诗歌创作上合奏的浪漫与现实的交响乐章，千百年来经久不衰。

1. 李白

"诗仙"李白（公元701～762年），字太白，号青莲居士。李白的一生绝大部分在漫游中度过。五岁时，他随家人迁入绵州彰明县（今四川江油）。二十岁时只身出川，开始了广泛漫游，南到洞庭湖、湘江，东至吴、越，曾寓居在安陆（今湖北省安陆市）。他到处游历，希望结交朋友，拜见社会名流，从而得到引荐，一举登上高位，以实现政治理想和抱负。可是，十年漫游，却一事无成。他又继续北上太原、长安，东到齐、鲁各地，曾寓居山东任城（今山东济宁）。这时他已结交了不少名流，创作了大量优秀诗篇，诗名满天下。唐天宝初年，由道士吴

李白

筠推荐，唐玄宗召他进京，命他供奉翰林。不久，因权贵的谗毁，李白被排挤出京。此后，他在江、淮一带盘桓，思想极度烦闷。天宝十四年（公元755年）冬，安禄山叛乱，他这时正隐居庐山，适逢永王李璘的大军东下，邀李白下山入幕府。后来李璘反叛肃宗，被消灭，李白受牵连，被判处流放夜郎（今贵州省境内），所幸中途遇赦放还。他的《早发白帝城》写的就是这件事。后李白往来于浔阳（今江西九江）、宣城（今安徽宣城）等地。代宗宝应元年（公元762年），李白病死于安徽当涂县。

　　李白生活在唐代极盛时期，具有"济苍生""安黎元"的进步理想，并毕生为实现这一理想而奋斗。他的大量诗篇既反映了那个时代的繁荣气象，也揭露和批判了统治集团的荒淫和腐败，表现出蔑视权贵，反抗传统束缚，追求自由和理想的精神。在艺术上，他的诗想象新奇，构思奇特，感情强烈，意境奇伟瑰丽，语言清新明快，气势豪迈潇洒，形成豪放的艺术风格，达到了我国浪漫主义诗歌艺术的高峰。李白存诗900余首，有《李太白集》。

　　李白的诗歌善于运用丰富而奇诡的想象，创造出绚丽多姿的艺术形象，并寄托着诗人的情感意蕴和精神境界。诗人常将想象与比喻、夸张、象征、拟人等手法相结合，把现实与理想、人间与幻境、自然与人事巧妙地熔铸成篇，创造出瑰丽神奇的艺术境界。例如他笔下的黄河，奔腾咆哮，一泻千里："黄河之水天上来，奔流到海不复回"（《将进酒》），"黄河万里触山动，盘涡毂转秦地雷……巨灵咆哮擘两山，洪波喷箭射东海"（《西岳云台歌送丹丘子》）；他笔下的山峰高耸峻拔，峥嵘奇峭："连峰去天不盈尺，枯松倒挂倚绝壁"（《蜀道难》），"天姥连天向天横，势拔五岳掩赤城；天台四万八千丈，对此欲倒东南倾"（《梦游天姥吟留别》）。在诗体的选择上，他较少运用多有限制的律诗，而偏爱便于纵横驰骋、随意抒写的以乐府体为主的古诗，尤其是七言歌行。例如《蜀道难》大量运用长短不齐的杂言，劈头就用了独特的句式："噫吁嚱，危乎高哉！蜀道之难难于上青天。"接下去忽而五言，忽而七言，时而短至三四字，时而又长至十几字，如："其险也若此，嗟尔远道之人胡为乎来哉！剑阁峥嵘而崔嵬，一夫当关，万夫莫开。所守或匪

亲，化为狼与豺。"显示了其对诗歌语言运用的高超技巧。

2. 杜甫

"诗圣"杜甫（公元 712～770 年），字子美，号少陵野老，世称杜少陵、杜工部。由于他的诗深刻地反映了唐朝由兴盛走向衰亡时期的社会面貌，具有丰富的社会内容和鲜明的时代色彩，被后人称为"诗史"。

杜甫

杜甫生长在"奉儒守官"并有文学传统的家庭中。杜甫的祖父杜审言是武则天时期的著名诗人，父亲杜闲曾任兖州司马、奉天县令。他 7 岁就开始学诗，15 岁时诗文就引起洛阳名士们的重视。他的生活从 20 岁后可分为四个时期：731～745 年为漫游时期，他晚年回忆当时的情景是："放荡齐赵间，裘马颇清狂。"（《壮游》）他在此期间看到祖国秀丽雄伟的山川，吸取了江南和山东的文化，扩大了眼界，丰富了见闻。值得一提的是，漫游期间他与李白在洛阳相遇，二人畅游齐鲁，访道寻友，谈诗论文，有时也议论时事，结下深厚的友谊。公元 746 年以后，杜甫在长安居住 10 年，他的生活、思想和创作发生了巨大的变化。他到长安，目的是求得一个官职，但几次参加科举考试都没有考上；不断写诗投赠权贵，希望得到他们的推荐，也都毫无结果。最后得到右卫率府胄曹参军的职务，这已经是杜甫在长安生活的末期，安禄山叛乱的前夕。安史之乱时期，杜甫亲身经历了十分错综复杂的变化：流亡、被俘，在皇帝身边任左拾遗，被贬华州，寄居秦州，入蜀……无论是人事关系或是居住环境，都发生了巨大的变化。这样的生活经历比长安时期要丰富得多，也艰苦得多，因此此时杜甫创作的诗歌多种多样，流传下来的有 200 多首，大部分是杜诗中的杰作。公元 760～770 年，杜甫漂泊西南，这十一年内，杜甫在成都先后住过五年，建造了著名的"杜甫草堂"，眼前呈现出一片田园美景，花鸟虫鱼都好像对他表示殷勤，使他多年劳苦忧患的生活暂时得到休息，他也怀着无限的爱写出不少歌咏自然的诗歌。但他并不曾忘记流离失所、无处安身的人们，在《茅屋为秋风所破歌》中唱出"安得广厦千万间，大庇天下寒士俱欢颜"的名句。

　　杜甫早期作品留存数量很少。这些诗篇和时代的风气相一致，充满自信，带有英雄主义的倾向，同他后来的作品有明显区别。比如《望岳》诗起首"岱宗夫如何，齐鲁青未了"，气势宏大；结句"会当凌绝顶，一览众山小"，令人感觉到诗人雄心勃勃的精神状态。随着杜甫渐渐深入到苦难的现实中，他的诗也变得沉重起来。在杜甫的思想中，合理的政治应当表现为统治者与被统治者之间的和谐：君主应当爱护人民，使之安居乐业；而人民则理所当然地应该忠诚和拥戴君主。然而事实上这仅是一种空想。他作为一个诚实的诗人严肃地面对现实时，不能不为此感到困扰。杜诗的名篇"三吏""三别"就是很好的例子。

　　杜甫诗歌的艺术风格多种多样，最具有特征性的、也是杜甫自己提出并为历来评论者所公认的，是"沉郁顿挫"。所谓"沉郁"，主要表现为意境开阔壮大、感情深沉苍凉；所谓"顿挫"，主要表现为语言和韵律一波三折，而不是平滑流利或任情奔放。

　　在杜甫的诗歌中，有几种类型特别具有独创性，也最能够代表他对中国诗史的贡献。一类是用五言古体形式写成的自叙性的诗篇，如《自京赴奉先咏怀五百字》融写景、叙事、抒情、议论于一体，表达了相当丰富的内容；一类是以"三吏"、"三别"为代表的既有七言古体，又有五言古体的叙事诗，这些诗从叙事艺术来看，善于描绘人物形象，尤其是运用对话来表现人物个性，在中国古代叙事诗的发展过程中占有重要的地位；再一类是七律，在杜甫手里，七律成为一种既工丽严整，又开合跌宕，具有独特的艺术表现力的诗歌形式。

　　（三）婉约与豪放——古典词作的两大典型风格

　　俞文豹在《吹剑录》中记载：相传苏轼官至翰林学士时，曾问幕僚：

"我词何如柳七（柳永）?"幕僚回答说:"柳郎中词只合十七八岁女郎,执红牙板,歌'杨柳岸晓风残月'。学士词须关西大汉,铜琵琶、铁绰板,唱'大江东去'。"这一词坛典故,道出了婉约与豪放两种迥然相异的词派风格。

1. 婉约词

词本以婉约风格为主。由于词当初是用来歌唱的,所以在都市生活繁荣、社会交往频繁的唐宋时代,词成了士大夫和市民阶层表达情感和进行娱乐的重要形式。当时词与诗在内容和风格上几乎风马牛不相及。词所表现的一般只能是男欢女爱、闺阁之怨、离愁别绪、羁旅惆怅等,其情调哀婉凄切,一唱三叹。而诗则不然。词可写的,诗可写;词不可写的,诗也照常写,尤其是诗可抒发豪情壮志、立功报国的情怀。如李白的"仰天大笑出门去,我辈岂是蓬蒿人"是诗,而"暝色入高楼,有人楼上愁"就是词。李清照的"生当作人杰,死亦为鬼雄"是诗,"莫道不消魂,帘卷西风,人比黄花瘦"则是词。

婉约风格词的特点主要是清新隽永,含蓄绮丽,属于阴柔之美。有的清新,如"笙歌散尽游人去,始觉春空。重下帘栊,双燕归来细雨中"（欧阳修《采桑子》）;有的隽永,如"无言独上西楼,月如钩。寂寞梧桐,深院锁清秋"（李煜《相见欢》）;有的含蓄,如"东边日出西边雨,道是无晴却有晴"（刘禹锡《竹枝词》）;有的绮丽,如"绿杨烟外晓寒轻,红杏枝头春意闹"（宋祁《玉楼春》）。婉约词的代表人物是李清照。我们来欣赏她的《点绛唇》:

"蹴罢秋千,起来慵整纤纤手。露浓花瘦,薄汗轻衣透。见客人来,袜刬金钗溜。和羞走。倚门回首,却把青梅嗅。"

此词为李清照早年作品,写尽了少女纯情的神态。上片描写荡完秋千的精神状态。词人不写荡秋千时的欢乐,而是截取了"蹴罢秋千"后一刹那的镜头。此刻全部动作虽已停止,但仍可以想象得出少女荡秋千时的情景:罗衣轻飐,像燕子一样地空中飞来飞去,静中见动。"起来慵整纤纤手"中的

"慵整"二字用得非常贴切，从秋千上下来后，两手有些麻，却又懒得稍微活动一下，写出少女的娇憨。下片写少女乍见来客的情态。她荡完秋千，正累得不愿动弹，突然花园里闯进来一个陌生人。"见客人来"，她感到惊诧，来不及整理衣装，急忙回避。"袜划"，指来不及穿鞋子，仅仅穿着袜子走路；"金钗溜"，是说头发松散，金钗滑落，写匆忙惶遽时的形态。词中虽未正面描写这位突然来到的客人是谁，但从少女的反应中可以印证，他定是一位翩翩美少年。"和羞走"三字，把她此时此刻的内心感情和外部动作作了精确的描绘。"和羞"就是含羞，"走"是指快速离开。然而更妙的是"倚门回首，却把青梅嗅"二句。它以极精湛的笔墨描绘了这位少女怕见又想见、想见又不敢见的微妙心理。最后她只好借"嗅青梅"这一细节掩饰一下自己，以便偷偷地看他几眼。下片以动作写心理，几个动作层次分明，曲折多变，把一个少女惊诧、惶遽、含羞、好奇以及爱恋的心理活动，栩栩如生地刻画出来。

2. 豪放词

词的豪放风格始于苏轼。在以婉约词占统治地位的北宋词坛，苏轼敢于另辟蹊径，大声唱出了"大江东去，浪淘尽，千古风流人物"的壮歌，对词创作的发展作出巨大贡献。辛弃疾等人更是把豪放词派推向高峰，从而确立了豪放词派在词的发展史上的地位。豪放风格词的特点是气势雄浑、粗犷豪迈，属阳刚之美。"乱石穿空，惊涛拍岸，卷起千堆雪"的气势，"看名王宵猎，骑火一川明，笳鼓悲鸣，遣人惊"的雄浑，"想当年金戈铁马，气吞万里如虎"的粗犷，"壮志饥餐胡虏肉，笑谈渴饮匈奴血"的豪迈……在豪放词中得到了充分的体现。

若想理解豪放词派代表人物辛弃疾，可以从以下三个方面入手：第一，辛弃疾没有想做一个词人，而是一不小心进入词坛。他最想做的是一个抗金的志士、战士。他22岁便率两千余人抗金，听说有人背叛了抗金事业，勃然大怒，率领五十骑兵，闯入五万人的敌营当中，活捉叛徒，并带领一万多人投奔南宋。这在辛弃疾的记忆中是永远的辉煌。第二，辛弃疾不仅是个战士，而且是个政治家和军事家。他在用兵、理财、安民方面都有自己独特的

见解，26岁时写《美芹十论》。第三，辛弃疾没有被重用。从他23岁南归到68岁逝世的四十多年中，基本被朝廷弃置不用。正是这些独特的人生体验，使永远不甘在平庸中度过人生的英雄本色，伴随了辛弃疾的一生。所以，虽然都是豪放词，但因作家的人生经历不同、思想性格有异，因而对历史感悟的角度不同，感悟的结果也不同。这就导致了辛弃疾和苏轼二者词作风格与境界上的差异。虽然辛词和苏词都是以境界阔大、感情豪爽开朗著称，但不同的是，苏轼常以旷达的胸襟与超越的时空观来体验人生，常表现出哲理式的感悟，并以这种参透人生的感悟使情感从冲动归于深沉的平静；而辛弃疾总是以炽热的感情与崇高的理想来拥抱人生，更多地表现出抗金救国的豪情与壮志未酬的悲愤。

五　含英咀华

沐浴着古典诗词的和风细雨，我们首先要品味诗情画意带来的美感。诗歌的意境之韵、语言之味、形式之趣不但可以使我们得到精神愉悦，而且可以培育我们的文学修养、审美情趣和人文素养。在学习时，我们要加强对文学知识的了解，以提高文学素养；要注重对作品的赏析，以提高鉴赏能力；要突出对感悟力的培养，以提高文化品位。在学习古典诗词过程中，我们可以通过"一枝红杏"来感受中国古典诗词文化的"满园春色"。学习古典诗词不仅应着眼于识记，还应兼顾理解、欣赏，更注重于化消极积累为积极运用。下面，我们尝试通过三轮比赛来提高自己品味中国古典诗词的能力。

（一）第一轮比赛：必答题

1. 走近诗家

请说说下列两句分别是评价哪位诗人的。

①"世上疮痍，诗中圣哲；人间疾苦，笔底波澜。"

②"盛唐诗酒无双士，青莲文苑第一家。"

2. 齿留诗香

①完成指令背诵比赛。

② 有感情地背诵比赛。

3. 诗韵物语

举出两种意蕴内涵，并背出相应诗句。

①相思之月：

今夜鄜州月，闺中只独看。

海上生明月，天涯共此时。

谁家今夜扁舟子，何处相思明月楼？

②亘古之月：

江月年年望相似，不知江月待何人。

（二）第二轮比赛：抢答题

1. 字溢诗香

由贾岛的《题李凝幽居》而来的"推敲"一词，是关于本诗的一个典故。请结合你自己的理解，说说贾岛为什么最后选择了"敲"字。

2. 节日诗情

下列各诗句所描写的传统节日，依次对应正确的是

①独在异乡为异客，每逢佳节倍思亲。

②东风夜放花千树，更吹落，星如雨。

③爆竹声中一岁除，春风送暖入屠苏。

④柔情似水，佳期如梦，忍顾鹊桥归路。

⑤堪笑楚江空渺渺，不能洗得直臣冤。

A. 重阳节　春节　元宵节　七夕节　冬至

B. 春节　重阳节　元宵节　冬至　端午

C. 元宵节　春节　端午　重阳节　七夕节

D. 重阳节　元宵节　春节　七夕节　端午

（三）第三轮比赛：综合题

1. 必答题：诗情画意

根据柳宗元的《江雪》的意境绘画。

2. 抢答题：笑赏诗趣

（1）猜灯谜：时逢中秋产于沪（猜一句五言唐诗）

（2）下面的怪体诗如何读？

龙

虎虎

望

山山山

湖湖湖湖湖

海海海海

会

仙仙仙仙仙仙仙仙

六　牛刀小试

1. 历代的文人墨客留下了许许多多怀乡思乡的优美诗篇。搜集并运用与自己家乡有关的古典诗词，写一篇推介家乡的解说词，或者运用古典诗词为自己家乡的景观命名。

2. 中国的诗人名家辈出，流派纷呈；中国的诗歌风格多变，经典荟萃。让我们来一个古典诗词串串烧、经典接龙大比拼吧。以小组为单位进行与古典诗词相关的接龙游戏。参考题目：某一风格或流派（如豪放词派）的诗（词）人、含有相同意象（如月亮）的诗（词）句等等。

3. 中国古典诗词浩如烟海，博大精深。这深厚而辉煌的民族文化是炎黄子孙不可缺少的精神食粮。让我们徜徉在中华文化的知识海洋中，采撷几朵诗词的浪花，来浸润自己的心田吧。

请把中国四大古典名著的开篇诗词抄录下来，并作简要分析。

4. 中国古典诗词虽然不能像绘画那样直观地再现色彩，却可以通过语言的描写，唤起读者相应的联想和情感体验。白居易回忆江南春色之美，写道："日出江花红胜火，春来江水绿如蓝。" 蒋捷在一首词中写秋天清晨篱落间的景色之美时，这样说："月有微黄禽无影，挂牵牛数朵青花小，秋太淡，添红枣。"这些佳句都是用对比色使画面十分绚丽，作者的情感也表现得明朗而热烈。色彩的组合往往给作品带来浓郁的画意和鲜明的节奏，如杜甫的名句"两个黄鹂鸣翠柳，一行白鹭上青天"，将黄、翠、白、青四种颜色点缀得错落有致，而且由点到线，向着无限的空间延伸，画面静中有动，富有鲜明的立体节奏感。在这里，明丽的色彩组合可以说是"着色的情感"，绘出了诗人舒展开阔的心境。

　　请在以下诗句的空格线上填上描写色彩的字眼，并试着再找几句有色彩描写的诗句。

　　_____山郭外斜　一骑_____尘妃子笑　春风又_____江南岸
月_____雁飞高　日照香炉生_____烟　接天莲叶无穷_____

【参考书目】

［1］章培恒、骆玉明：《中国文学史》，复旦大学出版社，1996。

［2］徐同林：《中国文学人文风景》，内蒙古人民出版社，1999。

［3］闻一多：《唐诗杂论》，上海古籍出版社，1998。

［4］叶嘉莹：《叶嘉莹说词》，上海古籍出版社，1999。

［5］陆游：《老学庵笔记》，中华书局，1979。

［6］徐培均、范民生：《诗词曲名句词典》，汉语大词典出版社，1996。